Gitta Günther

Weimar – so wie es war

Über die Autorin:

Gitta Günther, geb. 1936, Historikerin und Stadtarchivarin in Weimar seit 1959; Veröffentlichungen zur Stadt- und zur Geschichte des Konzentrationslagers Buchenwald.

Gitta Günther

WEIMAR

so wie es war

Droste Verlag

Die Deutsche Bibliothek – CIP-Einheitsaufnahme

Weimar – so wie es war / Gitta Günther. – Düsseldorf:
Droste, 1991
(Fotografierte Zeitgeschichte)
ISBN 3-7700-0960-6
NE: Günther, Gitta

Redaktion und Layout: Kitty Rehmer
Gesamtherstellung: L. N. Schaffrath, Geldern
ISBN 3-7700-0960-6

Urkunde vom 29. September 1410 über die Verleihung des Weißenseer Stadtrechts an Weimar

Weimars Vorzeit

Weimar liegt in einer breiten Talmulde, die von der Ilm und ihren kleinen Nebengewässern durchflossen wird. Die Stadt umgeben bewaldete Höhen: der Ettersberg im Norden, das Webicht im Osten und der Berkaer Forst im Süden.

Schon früh war das Gebiet der heutigen Stadt besiedelt, die geschützte Lage bot günstige klimatische Verhältnisse mit reichem Pflanzenwuchs und Wildbestand und ließ so ein Zentrum früher Menschheitsgeschichte entstehen. Vor etwa 100 000 Jahren lebten in dieser Gegend mit einfachen Werkzeugen aus Stein, Knochen und Geweihstangen ausgerüstete Horden, die das Großwild in Fallgruben fingen, die Beute auf offenem Feuer zubereiteten und untereinander aufteilten. Diese Kenntnisse vom Leben in der Altsteinzeit vermitteln die Kalk- und Travertinvorkommen in Weimar, Taubach und Ehringsdorf. Eingeschlossen in Ablagerungen kalkhaltigen Wassers, überdauerten Zeugnisse die Jahrtausende: Feuersteingeräte, angebrannte Tierknochen und menschliche Skelette. Der bedeutendste Fund wurde 1925 im Steinbruch bei Ehringsdorf gemacht: der Schädel einer 20- bis 30jährigen Frau, zwar zertrümmert, doch in Bruchstücken fast vollständig erhalten. Diese Ausgrabung ging in die Stammesgeschichte der Menschheit ein.

Auch von etwa 50 000 bis 10 000 v. Chr. war das Thüringer Becken verhältnismäßig stark besiedelt. Hier fanden Jäger und Sammler Schutz vor den eisigen Nordwinden und reiche Beute in den dichten Wäldern. Weittragende Waffen wie Pfeil und Bogen ermöglichten eine höhere Jagdausbeute, die eine größere Seßhaftigkeit der Menschen gestattete. Vor allem aus dieser Zeit, in der die Eismassen begannen, sich wieder nach Norden zurückzuziehen, konnten Reste zahlreicher Niederlassungen und Wohnhöhlen aufgefunden werden.

Die Jäger und Sammler der mittleren Steinzeit (etwa 10 000 bis 5000 v. Chr.) hatten Rastplätze am Südhang des Ettersberges. Im heutigen Stadtgebiet ließen sich während der jüngeren Steinzeit und der Stein-Kupfer-Zeit (etwa 5000 bis 1800 v. Chr.) bandkeramische Feldbauern und schnurkeramische Kriegerhirten nieder. Ihre Seßhaftigkeit ermöglichte die Herstellung kunstvoll verzierter Keramiken. Als älteste Feldbauern und Viehhalter Thüringens bauten sie Gerste, Emmer und Einkorn an und züchteten Rinder, Schafe, Ziegen, Schweine, Pferde und Hunde.

In den nachfolgenden Jahrhunderten gewann der Weimarer Raum ständig an Bedeutung. Das beweisen reiche Funde aus der Bronzezeit (etwa 1800 bis 800 v. Chr.) und der älteren Eisenzeit (etwa 800 bis 450 v. Chr.). In dieser Periode wurde der von Rindern gezogene Pflug eingeführt, und es bildeten sich Handwerker für unterschiedliche Gewerke heraus.

Gegen Mitte des letzten Jahrtausends vor Christus gelang es den Kelten, bis in das Thüringer Becken vorzudringen. Hier kam es zu Berührungen mit den aus Norden einströmenden Germanen, die ihren Herrschaftsbereich ausdehnen konnten. So entstand ein mächtiges Stammesgebiet, das um 400 zum Königreich der Thüringer wurde. Es erstreckte sich östlich und westlich längs der Saale und schloß auch das nördliche Harzgebiet ein. Vorübergehend brachten es Attilas Hunnen in ihre Abhängigkeit. Nach deren Niederlage auf den Katalaunischen Feldern erstarkte es unter König Bisinus und seinem Sohn Herminafrid, mußte sich aber im Jahre 531 der vereinigten Macht der Franken und Sachsen beugen. Während die Sachsen die ehemaligen thüringischen Besitzungen nördlich der Unstrut besiedelten, wurde der restliche Teil fränkische Provinz. Die Ver-

Einzug des Malers Lucas Cranach d.Ä. (1472–1553) mit Herzog Johann Friedrich von Sachsen (1503–1534) auf dem Marktplatz am 26. September 1552. Historiengemälde von Hans W. Schmidt 1931/32

waltung übertrug der fränkische König begüterten Edelfreien des einheimischen Adels, zu denen auch die Grafen von Weimar gehörten. Über die Zeit des Thüringer Königreiches berichten kostbare Funde aus zahlreichen Grabungsstellen auf dem Gebiet der heutigen Stadt Weimar. Besonders berühmt geworden sind die altthüringischen Körpergräber des 5. bis 7. Jahrhunderts. Ihre Häufigkeit und der Reichtum ihrer Ausstattung führten zu der Annahme, daß sich hier die Residenz des thüringischen Königs Herminafrid und seiner Gemahlin Amalaberga, einer Nichte des Ostgotenkönigs Theoderich, befunden hat. So besaß das Gebiet der zukünftigen Stadt lange vor der ersten urkundlichen Erwähnung eine große geschichtliche Bedeutung.

Das alte Weimar

Bereits vor der Stadtgründung stand an der Stelle des heutigen Schlosses eine Wasserburg. In ihr residierten im 10. Jahrhundert die Grafen von Weimar, eines der mächtigsten Geschlechter Thüringens. Erstmals wurde »Wimares« im Jahre 975 genannt. Die Ortsbezeichnung geht auf den germanischen Wortstamm »wiha« (heilig) und das althochdeutsche »mari« (See oder Sumpf) zurück und deutet auf eine altgermanische Kultstätte hin.

Nur spärlich sind die Nachrichten aus den nächsten beiden Jahrhunderten. Sie erwähnen lediglich zwei erfolglose Belagerungen der Burg 984 und 1002. Im 11. Jahrhundert gelangte die alte Wasserburg an der Ilm an das Haus der Askanier, die sich vorzugsweise nach Orlamünde nannten. Bei den Grafen von Weimar-Orlamünde verblieb die Feste bis zum Jahre 1372. Außer der Burg mit Vorwerk existierten mit dem heutigen Oberweimar und dem Jakobsviertel noch zwei weitere Siedlungen. Letztgenanntes Gebiet war wegen seiner natürlich geschützten Lage – von allen Seiten durch die Ilm, den Lottenbach und die Grabenniederungen sowie die Schwanseesümpfe und den Asbach von Wasser umgeben – bereits seit Jahrhunderten bewohnt. Hier besaßen die Herren zu Weimar, die späteren Reichsministerialen zu Gleißberg, ein Gut. Schon 1154 wurde ein Walter von Weimar genannt, auf den wahrscheinlich die Errichtung der Jakobskirche als Eigenkirche seines Geschlechts zurückzuführen ist. Von ihrer Weihe im Jahre 1168 berichtet eine Inschrift.

In dieser Zeit, in der das dem heiligen Jakob geweihte Gebäude entstand, begannen sich in Thüringen mehr und mehr die Landgrafen aus dem ludowingischen Hause politisch durchzusetzen. Doch die Regenten der Burg zu Weimar ließen sich nicht widerstandslos verdrängen, erbitterte kriegerische Auseinandersetzungen waren die Folge. Im Winter 1173/74 zerstörte Landgraf Ludwig III. die alte Ilmfeste. Ende des 12. Jahrhunderts wurde die ursprünglich wohl aus Holz erbaute Burg in Stein wieder errichtet; die Palisaden wurden durch Mauern ersetzt. Schon 1214/15 mußte sie ihre erhöhte Wehrfähigkeit beweisen, als Landgraf Hermann I. von Thüringen gegen sie anstürmte. Doch keine Chronik berichtet von ihrer Einnahme. Im Gegensatz zu den bisherigen Ortserwähnungen war während dieser Belagerung ausdrücklich vom »castrum Wymar« – der Burg Weimar – die Rede.

Nach dem Tode des Grafen Hermann II. von Orlamünde im Jahre 1247 wurden seine beiden Söhne Hermann III. und Otto III. die Stammväter zweier orlamündischer Linien. Von ihnen stand zunächst Hermann III. in engeren Beziehungen zu Weimar. Seinem kleinen Herrschaftsbereich größere Bedeutung zu verschaffen, mag die Entscheidung zur planmäßigen Gründung der Stadt mitbestimmt haben.

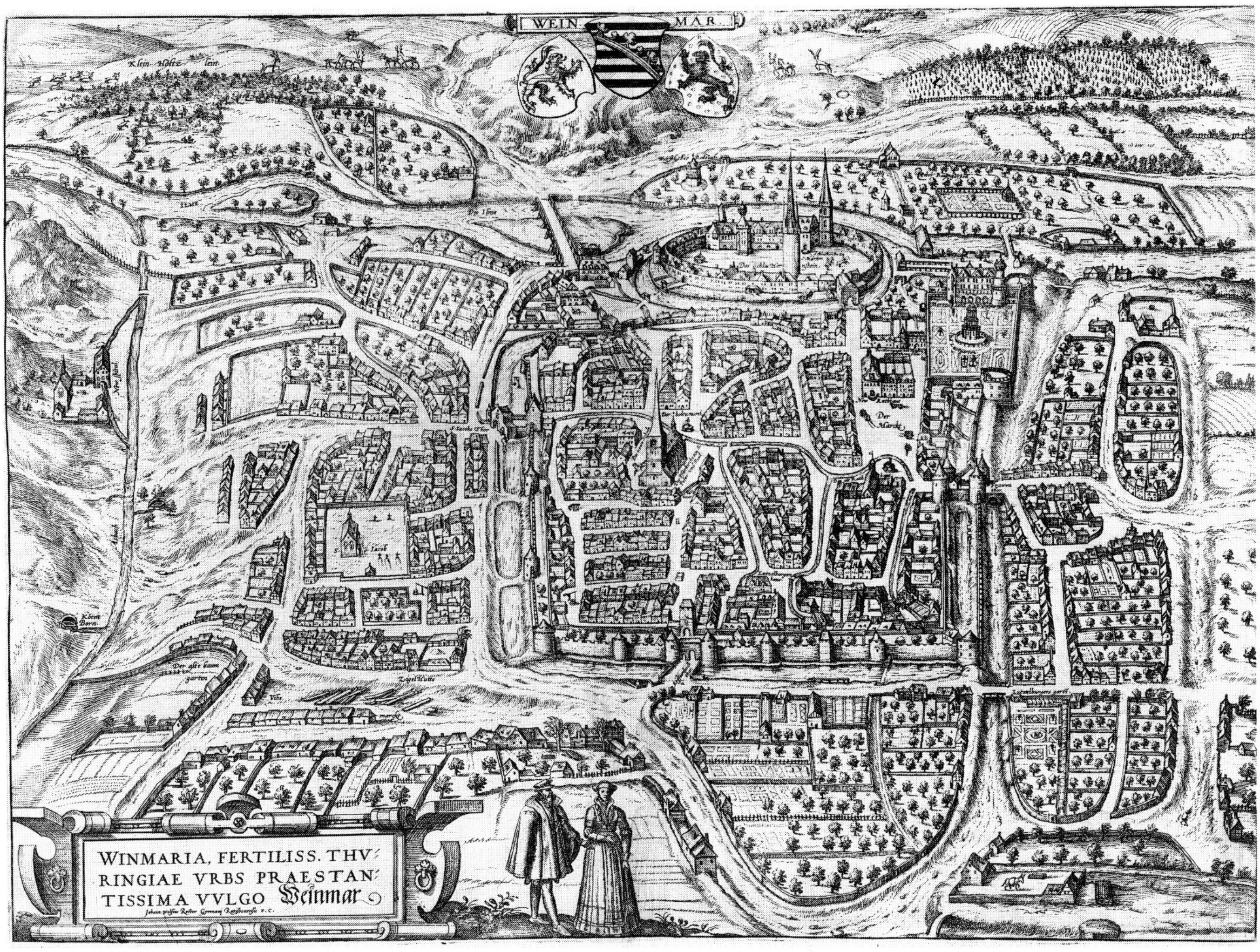

Stadtansicht Weimars nach dem ältesten Stadtplan von 1569. Er wurde von Rektor Johannes Wolf (um 1524–1602) entworfen, 1570 als Kupferstich gefertigt und 1581 als Holzschnitt veröffentlicht

Damit sollte nicht nur ein Zentrum des Handels und Verkehrs entstehen, sondern zugleich die militärische Verstärkung der Burg erreicht werden. Gewiß wird dabei auch von Bedeutung gewesen sein, daß nach damals geltendem Recht die Bürgerschaft einer Stadt die beträchtlichen Kosten der Instandhaltung der Feste und der Versorgung ihrer Besatzung zu tragen hatte.

Ein genauer Termin der Stadtgründung ist nicht bekannt, doch deuten mehrere Überlieferungen auf die Zeit um 1250 hin. Dazu gehört auch der Bau der Stadtkirche zu St. Peter und Paul, deren Pfarrer erstmals 1249 genannt wird. Vier Jahre später war von einem »burgensis« – einem Bürger – von Weimar die Rede, und um 1254 wurde von Hermann III. eine Urkunde »in civitate nostra Wimare« – in unserer Stadt Weimar – ausgestellt. Sie gilt als die erste offizielle Nennung der Stadt. 1262 besaß das Gemeinwesen ein eigenes Siegel, das wohl aus dem Wappen der Grafen von Orlamünde übernommen war: ein steigender schwarzer Löwe auf mit roten Herzen übersätem goldenen Grund. Als Hoheits- und Eigentumszeichen übernahm die Stadt diese Symbolik als ihr Wappenbild. So ist die Gründung der Stadt als Akt landesherrlicher Politik zu werten und nicht als Ergebnis des Wirkens kaufmännischen Unternehmergeistes. Dazu lag der Ort zu abseitig von den mittelalterlichen Handelsstraßen. Es waren deshalb vorwiegend Bauern und Handwerker, die die erste Stadtbevölkerung bildeten und sich auch schon vordem dort angesiedelt hatten. Fast zu jedem Haus gehörten Acker, Vieh und Scheunen, und wiederholt mußte verboten werden, den Mist auf den Gassen liegenzulassen. Auch das Bestehen von sechs Mühlen in und um Weimar bezeugt die vorwiegend bäuerliche Tätigkeit. Dagegen entwickelte sich das städtische Gewerbe nur langsam.

Die Gründung der Stadt bedingte die Abgrenzung des Gebietes, in dem sich künftig der Ort entwickeln sollte. Für die Wahl des Geländes westlich der Burg und südlich der Siedlung um die Jakobskirche waren strategische Überlegungen maßgebend. Die erste elliptisch geformte Anlage mit dem heutigen Herderplatz als Mittelpunkt wurde durch die Aufschüttung eines Erdwalles mit Palisaden sowie mit Gräben umwehrt. Der Verlauf dieser schützenden Umwallung ist teilweise auch heute noch im Stadtbild erkennbar: Von der Ilm aus den jetzigen Graben entlang, führte sie nach Osten und von dort durch Marktstraße und Schloßgasse wieder zur Ilm. Sie umgab so die Ortschaft von drei Seiten und wurde durch den künstlich erweiterten Flußlauf mit der durch Wall und Wassergraben bewehrten Burg geschlossen.

Der erst Mitte des 16. Jahrhunderts vollendete Mauerring umschloß das Gebiet

Kasseturm am Karlsplatz (heute Goetheplatz) 1907. Der Eckturm der mittelalterlichen Stadtbefestigung erhielt seinen Namen von der später in ihm untergebrachten Landschaftskasse

Burgmühle am Schloß um 1880. Die älteste Mühle Weimars, die sich zwischen Schloß und Kegelbrücke befand, wurde nach einem Brand am 28. November 1882 abgerissen

Graben, Goetheplatz, Wielandstraße, Schillerstraße und Puschkinstraße. Er war doppelt angelegt und bestand aus einem äußeren und einem inneren Gürtel in meist acht bis zehn Meter Abstand. Dazwischen befanden sich Wassergräben und Teiche. Außerdem besaß die Befestigungsanlage vier Tore: das zur Jakobskirche gerichtete Jakobstor im Norden, das nach der am heutigen Frauenplan gelegenen Kapelle »Zu unserer lieben Frau« benannte Frauentor im Süden, das Kegeltor an der Ilm im Osten und das später als Erfurter Tor bezeichnete Neutor am Ende der Geleitstraße im Westen. Außerdem war die Stadtmauer mit zehn Türmen versehen, von denen zwei die spätere Entfestigung überdauerten: der aus dem Jahre 1453 stammende jetzige Bücherturm der Zentralbibliothek der deutschen Klassik am Platz der Demokratie und der sogenannte Kasseturm am Goetheplatz. Innerhalb dieser engen Grenzen vollzog sich in den folgenden Jahrhunderten die weitere Entwicklung des Ortes.

Seit der Gründung der Stadt Weimar waren in Thüringen die Landgrafen aus dem Hause Wettin zum mächtigsten Herrschergeschlecht geworden. Im Thüringer Grafenkrieg von 1342 siegte Landgraf Friedrich II. auch über die Grafen von Weimar-Orlamünde. Sie mußten 1346 nach dem Frieden von Weißenfels ihre territoriale Selbständigkeit aufgeben und ihren Besitz, darunter auch Weimar, von den Wettinern zu Lehen nehmen. Mit dem Aussterben derer von Orlamünde 1372 fiel die Stadt dem wettinischen Territorium zu, bei dem sie bis zum Ende der Monarchie im Jahre 1918 verblieb.

Mit der Bindung an die politisch starken Wettiner begann für Weimar eine merkliche Aufwärtsentwicklung. Das Bemühen, die wirtschaftliche Zurückgebliebenheit zu überwinden, führte zu einer allmählich wachsenden Bedeutung der Stadt innerhalb des thüringischen Landesteiles. 1407 wurden die Bürger vom Frondienst befreit, mußten jedoch zu Heerfahrten und anderen Geschäften »Folge und Dienst« leisten. Zur Beseitigung der »großen Notdurft, Gebrechen und Irrtum, als bisher die Stadt und Bürger zu Weimar gehabt und geduldet haben«, siegelte Landgraf Friedrich der Einfältige am 29. September 1410 eine Urkunde, mit der Weimar das Stadtrecht von Weißensee verliehen und es damit in die landgräflich-thüringische Rechtsfamilie einbezogen wurde. 1431 erhielt der Ort die niedere Gerichtsbarkeit, während die hohe über »Hals, Hand und echtige Wunden« weiterhin beim Landesherrn verblieb. Nach wie vor lebten die Bürger vorwiegend von Ackerbau und Viehzucht. Daneben begann sich jedoch das kommunale Gewerbe stärker zu entwickeln. 1432 schlossen sich Knochenhauer und Fleischer zu einer Innung zusammen; Bäcker, Schuster, Leineweber und Schneider folgten.

Mit der wirtschaftlichen und rechtlichen Entwicklung Weimars veränderte sich

Sächsischer Hof 1907. Die Gaststätte befindet sich in einem der ältesten Gebäude der Stadt, das bereits 1492 als Gasthaus urkundlich genannt wurde. Es erhielt seinen Namen »Hôtel de Saxe« vom herzoglichen Mundkoch Francois René Goùllon (1757–1839)

Nordseite des Frauenplanes vor 1900. Der zu dieser Zeit »Goetheplatz« genannte Frauenplan erhielt 1919 seinen ursprünglichen, auf die außerhalb der Stadtbefestigung gelegene Frauenvorstadt hinweisenden Namen zurück, oben rechts

auch die Form der Verwaltung der Stadtgemeinde. 1370 wurde zum letzten Mal ein seit 1289 urkundlich bezeugter stadtherrlicher Schultheiß, der mit richterlichen Vollmachten und Rechten auf dem Gebiet der Verwaltung ausgestattet war, genannt. 1348 trat erstmals ein aus begüterten Bürgern bestehender zwölfköpfiger Rat als Stadtregierung in Erscheinung, es wurden Stadtstatuten erlassen. Dennoch wurde der Ort weiterhin vom Landesherrn in starker Abhängigkeit gehalten.

Kleine Kirchgasse 1907. Die zur Jakobskirche führende Gasse befindet sich in einem der ältesten Siedlungsgebiete der Stadt

Kollegiengasse mit Ostgiebel des Stadthauses 1907

Immer wieder waren es Kriege, die die Stadt und ihr ländliches Umfeld verwüsteten und ihre Entwicklung aufhielten. Das wurde Mitte des 15. Jahrhunderts besonders deutlich, als es nach der wettinischen Landesteilung von 1445 zum sogenannten Thüringer Bruderkrieg kam; er zerstörte etwa 300 Dörfer und zog auch die Weimarer Gegend stark in Mitleidenschaft. Dennoch erlebte die Stadt insofern einen Aufschwung, als Herzog Wilhelm III. sie zum Mittelpunkt eines gut organisierten, Thüringen umfassenden Staates machte. Zwar verlor sie diese Vorrangstellung nach der wettinischen Hauptteilung im Jahre 1485, doch wurde Weimar als Teil des Kurfürstentums Sachsen zur Nebenresidenz der mächtigen ernestinischen Linie, welche die Kurwürde trug.
Das Stadtbild begann, sich wesentlich zu verändern. Die Schäden der Feuersbrunst von 1424, durch die die Hälfte der Stadt, die Burg, die Stadtkirche und das Rathaus eingeäschert worden waren, wurden beseitigt. Es erfolgte nicht nur der Wiederaufbau der Burg als Schloß Hornstein, sondern es entstanden auch zahlreiche neue Gebäudekomplexe, darunter ein neues Rathaus und das Franziskanerkloster. Die Bürgerhäuser wurden brandsicherer, die Straßen übersichtlicher gebaut. Um 1500 bewohnten etwa 1800 Menschen 300 Häuser; sie ernährten sich vom Ackerbau, vom Handwerk und betrieben den Nahmarkt.
Im mittelalterlichen Weimar war das geistige und kulturelle Leben vorzugsweise von der Kirche geprägt. Neben der Jakobs- und der Stadtkirche besaß auch die Burg ein Gotteshaus, das dem heiligen Martin geweiht war. Außerdem existierten mehrere Kapellen wie die erwähnte »Zu unserer lieben Frau« vor dem Frauentor und zwei weitere am Kegel- und vor dem Jakobstor, die zu den dort eingerichteten beiden Spitälern gehörten. Bereits 1284 war dem Deutschritterorden das Patronatsrecht über die Stadtkirche übertragen worden. Dadurch entwickelte sich auch das schulische Leben in Weimar in engem Zusammenhang mit dieser Gemeinschaft. Ebenso wie die Pfarrer wurden die Schulmeister bis zur Reformationszeit von Ordensbrüdern gestellt. Erst 1433 erhielt der Rat der Stadt das Mitspracherecht bei der Besetzung kirchlicher Ämter und der Zahlung von Schulgeld. Neben dem 1244 gegründeten Zisterzienserinnenkloster in Oberweimar und der wohl seit dem 14. Jahrhundert in der Stadt selbst bestehenden Einrichtung für die Franziskanernonnen gab es noch das durch Herzog Wilhelm III. von 1453 bis 1457 erbaute Kloster für die Franziskanermönche, dessen Kirchenbau sich bis heute erhalten hat. Hier predigte Martin Luther mehrmals zwischen 1518 und 1521. Seine reformatorische Lehre setzte sich in Weimar relativ rasch durch, obwohl die meisten Franziskaner am Katholizismus festhielten und sogar Gegenthesen anschlugen. Der die Reformation fördernde Landesherr verbot am 17. August 1525 den Franziskanern das öffentliche Predigen. Im März 1533 verließen die Beginen und am 20. November aufgrund eines kurfürstlichen Ausweisungsbefehls die Franziskanermönche die Stadt. Der Rat übernahm die Verwaltung der bisherigen Kirchengüter und -schulen. Drei Lehrer erzogen die Kinder nach der Schulordnung, die – auf Melanchthons »Sächsischem Plan« aufbauend – eingeführt wurde. Ebenso wie die geistige Bewegung der Reformation erschütterten auch die sozialen Kämpfe dieser Zeit Weimar kaum. Aufgrund der politischen und militärischen Konzentration der kurfürstlichen Macht in der Residenz kam es während des Bauernkrieges, in dessen Verlauf am 1. August 1524 Thomas Müntzer als bedeutendster Führer der Aufständischen im Schloß Hornstein verhört wurde, weder in der Stadt noch in der Umgebung zu direkten Erhebungen. Die Weimarer Bürgerschaft blieb in der Zeit tiefgreifender Auseinandersetzungen ganz in ihren bescheidenen, mehr ländlichen als städtischen Verhältnissen versunken.
Doch sollte die Reformation dennoch ein für das weitere Schickal Weimars entscheidendes Ereignis bringen: 1547, während des Schmalkaldischen Krieges, wurde der protestantische Kurfürst Johann Friedrich von Sachsen in der Schlacht bei Mühlberg von Kaiser Karl V. gefangengenommen. Er verlor die Kurwürde und die Kurländer, nur der Besitz in Thüringen verblieb ihm. Weimar wurde von nun an bis 1918 dauernde Residenz der Ernestiner.
Im Laufe der Zeit wuchs die politische und wirtschaftliche Bedeutung der Stadt. Eine neue Bautätigkeit unter Nikol Gromann aus Torgau setzte ein. Nach Abschluß der Befestigung wurden das Grüne und das Rote Schloß, eine Stadtschule sowie mehrere prächtige Renaissance-Wohnhäuser

Am Jakobsplan 1907

Ostseite des Marktes 1907 mit dem Stadthaus aus dem 16. Jahrhundert und dem Cranachhaus, einem 1547–1549 von Baumeister Nicol Gromann (um 1500–1566) erbauten Doppelhaus sowie dem Neptunbrunnen

Stadtkirche St. Peter und Paul um 1900. Sie wurde als dreischiffige Hallenkirche 1498–1500 erbaut und erhielt 1735–1745 im Inneren einen barocken Umbau durch Baumeister Johann Adolf Richter (1682–1768). Die Kirche beherbergt viele Kunstwerke: hervorragend der 1552–1555 geschaffene Cranachaltar, kunstvolle Grabplatten und Epitaphe bezeichnen die Grabstätten Johann Gottfried Herders (1744–1803) und Herzogin Anna Amalias (1739–1807)

errichtet und das Scheunenviertel vor das Erfurter Tor verlegt. Außerdem begann man, im Anschluß an jenseits der Ilm gelegene ältere Gartenanlagen, einen fürstlichen Lustgarten am Grünen Schloß zu schaffen. Dieser rege Auf- und Ausbau in der zweiten Hälfte des 16. Jahrhunderts war nicht nur Folge der höfischen Bestrebungen, der Stadt das würdige Aussehen einer Residenz zu verleihen, sondern auch Ausdruck gewachsener Wirtschaftskraft der Bürger. Sie zeigte sich ebenfalls in der Weiterentwicklung der städtischen Selbstverwaltung, einschließlich der eigenen Erbgerichtsbarkeit seit 1569. So wurden 1590 Stadtstatuten erlassen, um die Stadtgesetze von 1348 außer Kraft zu setzen.
Trotzdem geriet Weimar durch die ständige Anwesenheit des Landesherrn in dessen noch stärkere Abhängigkeit. Der Rat, der vom Herzog bestätigt werden mußte, war auf einen Bürgermeister und sieben Ratsherren erweitert worden, die die Funktionen der Kämmerer-, Wein-, Markt-, Bau- und Wachtmeister sowie der Aufseher über die Fleischer zu erfüllen hatten. Ausnahmslos gehörten sie dem besitzenden Bürgertum an. So verfügten 1557 die Ratsmitglieder über mehr als 15 Prozent des Gesamtvermögens der Bürgerschaft. Als der Großhändler Jakob Schröter, der 50 Jahre im Ratsstand war, 1612 starb, hinterließ er ein Vermögen von 108 000 Gulden. Demgegenüber waren die über die Hälfte der Bevölkerung ausmachenden Besitzlosen vom Mitspracherecht bei der Gestaltung des Gemeinwesens gänzlich ausgeschlossen, wenngleich sich auch der Hofstaat nicht zuletzt aus ihrer Hände Arbeit finanzierte. Täglich speisten am Hofe etwa 400 Personen an 80 Tischen und verbrauchten allein dafür jährlich 46 800 Gulden; 30 Schneider waren für das Herrscherhaus tätig. Zwar wirkte sich die Einrichtung der Residenz in Weimar auf die äußere und zum Teil auch auf die innere Entwicklung der Stadt förderlich aus, doch brachte sie zugleich finanzielle Belastungen und hemmte die selbständigen bürgerlichen Bestrebungen.

Zu den positiven Einflüssen des herzoglichen Hofes auf die Residenzstadt gehörte die kulturelle Belebung. Dazu trug besonders das Wirken von Lucas Cranach d. Ä. bei, der bereits 1521 die Orgel im Schloß Hornstein ausgemalt hatte und so mit dem Ort seit langem verbunden war. 1550 beorderte der damals schon drei Jahre in Gefangenschaft lebende Johann Friedrich, der spätere Gründer der Jenaer Universität, den berühmten Maler und Graphiker zu sich. Der fast achtzigjährige Cranach lebte mit dem gefangenen Kurfürsten zunächst in Augsburg und nachfolgend in Innsbruck. Als Johann Friedrich 1552 aus der Haft entlassen wurde, zog der Maler mit ihm am 26. September in Weimar ein. Zum ersten Mal verband sich hier der Name der Stadt mit dem eines bedeutenden Künstlers. Cranach richtete sich in dem eben fertiggestellten Haus seines Schwiegersohnes Christian Brück am Markt eine Werkstatt ein und begann sein letztes großes Werk: das Triptychon für den Altar der Stadtkirche. Ohne das Gemälde vollenden zu können, starb er am 16. Oktober 1553 und wurde auf dem Jakobsfriedhof beigesetzt. Sein Sohn Lucas Cranach d. J. führte 1555 das Altarbild zu Ende.
In der zweiten Hälfte des 16. Jahrhunderts bot Weimar ein Bild, das sich nur unwesentlich von dem anderer Residenzstädte mittlerer deutscher Fürstentümer unterschied. Der aus dieser Zeit stammende erste Stadtplan von 1569, mit dem Schulrektor Johannes Wolf den damaligen Ort als »des sehr fruchtbaren Thüringens vortreffliche Stadt« darstellte, bestätigte diesen Eindruck.

Weimar zählte 1556 insgesamt 3287 Einwohner. Von 608 Wohnhäusern, die meist klein und äußerst bescheiden waren, standen 169 in der Jakobsvorstadt, in der die ärmere Stadtbevölkerung lebte. Die seit 1548 erhobene Forderung, die Dächer anstelle der leicht brennbaren Schindeln mit Ziegeln zu decken, konnte vielfach nicht erfüllt werden, da der schwache Unterbau die schwere Last nicht zu tragen vermochte. Der Ort gliederte sich in vier nach den Stadttoren benannte Viertel. Trotz umfangreicher Baumaßnahmen war der ländliche Charakter keineswegs verschwunden. Im Jahre 1547 ordnete der Rat an, daß Schweine und Gänse im Sommer auf dem Feld zu hüten oder in den Häusern zu halten seien; erst 1566 wurde der Schweinemarkt vom gepflasterten Marktplatz vor das Neutor verlegt.

Heygendorfsches Haus am Herderplatz 1907. Das 1566 erbaute Stufengiebelhaus erhielt seinen Namen nach der Schauspielerin und Sängerin Karoline Jagemann gen. von Heygendorf (1777–1848)

Rotes Schloß um 1910. 1574–1576 als Witwensitz für Herzogin Dorothea Susanna (1544–1592) errichtet, war es dem Hotel Erbprinz benachbart, dem 1749 die Gastgerechtigkeit verliehen wurde

Jakobskirche um 1900. Die 1168 erstmals erbaute und nach Abbruch 1712–1713 von den Baumeistern Johann Mützel (1647–1717) und Christian Richter II (1635–1722) wieder errichtete Kirche war ab 1728 Garnisonkirche, ab 1778 auch Hofkirche und diente in den Kriegsjahren 1806–1813 als Lazarett. Auf dem bis 1818 belegten Kirchhof befinden sich u. a. Grabstätten von Lucas Cranach d.Ä. (1472–1553), Johann Carl August Musäus (1735–1787), Martin Gottlieb Klauer (1742–1801), Georg Melchior Kraus (1733–1806) und Christiane Vulpius (1765–1816). Auch Friedrich Schiller wurde hier am 12. Mai 1805 zunächst im Kassengewölbe beigesetzt

Blick in die Schloßgasse 1907 mit dem 1728 als Bürgerhaus errichteten »Haus zur Palme«

Nordseite des Marktes 1906 mit der Hofapotheke, die ein Erker aus dem 17. Jahrhundert ziert, und dem Marktbrunnen, der – seit 1540 als Laufbrunnen vorhanden – 1774 mit der von dem Bildhauer Martin Gottlieb Klauer (1742–1801) geschaffenen Neptunfigur bekrönt wurde

Jägerhäuser in der Marienstraße 1907. Sie wurden von Baumeister Christian Richter II (1635–1722) nach 1717 als Wohnung für Forstmeister, Falkeniere und Jäger sowie zur Aufbewahrung von Jagdgerät erbaut. Ab 1835 wohnte hier der Maler Friedrich Preller (1804–1878)

In der Einwohnerschaft machte sich im 16. Jahrhundert eine immer stärkere Ausbreitung der Handwerker bemerkbar. Während sich etwa 100 verschiedene gewerkliche Berufe herausbildeten, dehnte sich der Kleinhandel dagegen nur unwesentlich aus. Dafür erweiterte sich das Beamtentum als neuer Berufszweig rasch. Der Wohlstand der Bürger wuchs, doch zunehmend auch der soziale Unterschied zwischen den einzelnen Bevölkerungsschichten. Die Finanzkraft der Stadt erhöhte sich in dieser Zeit ständig, so daß der Rat einen beachtlichen kommunalen Besitz erwerben konnte, zu dem Bauland, Gehölze und besonders die Mühlen in und um Weimar gehörten.

Das 17. Jahrhundert setzte für den Ort mit einer Reihe verheerender Katastrophen ein. Nach großen Pestepidemien 1566 und 1581 kam 1607 erneut der »schwarze Tod« über die Stadt. Am 2. August 1618 vernichtete ein Großbrand das Schloß. Im selben Jahr begann der Dreißigjährige Krieg, der Weimar zwar von militärischen Besetzungen und Plünderungen verschonte, doch durch die allgemeinen Kriegsfolgen und die über 4000 Flüchtlinge, die hier Schutz suchten, zu einem starken Rückgang der Wirtschaft und zu großer Not der Bevölkerung führte. Herzog Bernhard beteiligte sich als Feldherr aktiv am Krieg. 1625 starben 307, 1628 365, 1631 239, 1634 232 und 1635 mehr als 1000 Menschen an der Pest. Den größten materiellen Schaden richtete jedoch am 29. Mai 1613 ein Unwetter an, die sogenannte Thüringer Sündflut, die das Ilmtal durch den um acht Meter gestiegenen Fluß verwüstete. Wolkenbruchartige Wasserfluten und Hagelschauer rissen 44 Wohnhäuser mit sich fort und ertränkten 65 Menschen und etwa 200 Stück Vieh.

Neben finanziellen Belastungen und Naturkatastrophen brachte die erste Hälfte des 17. Jahrhunderts für Weimar auch ein bedeutendes kulturelles Ereignis: Am 24. August 1617 wurde im Schloß als erste deutsche Sprach- und Dichtervereinigung die »Fruchtbringende Gesellschaft« gegründet, nach ihrem Symbol auch »Palmorden« genannt. Ihr Ziel war die Pflege und Befreiung der deutschen Sprache und Literatur von fremden Einflüssen. Erste Versuche zur Erarbeitung einer Sprachlehre und eines Wörterbuches sowie zur Schaffung einer einheitlichen Rechtschreibung gingen einher mit der Übersetzung französischer und italienischer Literatur. Mit ihrem vielseitigen Wirken gilt die anfangs in Köthen, von 1651 bis zu ihrem Erlöschen im Jahre 1680 in Weimar ansässige Sozietät als die älteste Akademie nördlich der Alpen; sie verschaffte der Stadt erstmals literarischen Ruf. Zu ihren Mitgliedern gehörten bekannte Dichter und Gelehrte wie Martin Opitz, Friedrich von Logau, Andreas Gryphius und Georg Neumark, der 1651 nach Weimar übersiedelte und hier seine berühmten Gedichte, Sinnsprüche und Kirchenlieder schrieb. Innerhalb des »Palmordens« bildete sich ein kleiner Kreis als »Hirtenverein«, der die Inszenierungen galanter Schäferspiele besorgte. Da seit 1650 zur Unterhaltung

Schloß Belvedere 1930. Es wurde 1724–1732 durch die Baumeister Johann Adolf Richter (1682–1768) und Gottfried Heinrich Krohne (1703–1756) als Sommersitz für Herzog Ernst August (1688–1748) für 250 000 Taler errichtet; vier Kavalierhäuser wurden bis 1750 fertiggestellt und ergänzen mit Orangerie und Landschaftspark das Ensemble

Schloß Belvedere, Detail. Türschmuck mit Monogramm des Herzogs Ernst August (1688–1748)

der Hofgesellschaft auch eine ständige Kapelle bestand, verbanden sich bald Reimspiel und Musik zur Pflege der frühdeutschen Oper. 1696 wurde im Schloß ein Hoftheater eröffnet – eine der ersten Opernbühnen Deutschlands.
Überhaupt nahm das kulturelle Leben in Weimar im 17. Jahrhundert einen bemerkenswerten Aufschwung. Die 1690 im Grünen Schloß bestehende Bibliothek – 1723 bereits einen Buchbestand von 11 086 Bänden aufweisend – rückte auf den dritten Platz in Deutschland vor. Die Kunstsammlungen wurden erweitert, 1712 wurde die Stadtschule zum Gymnasium erhoben. Zu den vom Hofe angezogenen Künstlern zählte Johann Sebastian Bach, der hier von 1708 bis 1717 als Hoforganist und Konzertmeister wirkte und bekannte Kantaten und Fugen schuf.
Mit der wachsenden kulturellen Bedeutung konnte die wirtschaftliche Entwicklung keineswegs Schritt halten. Vielmehr prägte sich im 17. Jahrhundert der Charakter der Hof- und Beamtenstadt noch stärker aus. Etwa ein Fünftel der Einwohner waren Hofbedienstete und Beamte, nahezu die Hälfte Handwerker und nur ein Vierzigstel Händler, Kaufleute und Fuhrmänner. Trotz des hohen Anteils des städtischen Gewerbes reichte die Bedeutung des Handels kaum über die Bannmeile hinaus, sondern diente vorwiegend den Bedürfnissen des Hofes. Der Verkauf der Ware erfolgte in den sogenannten Bänken. Diese offenen Verkaufsstände, derer sich zuerst das Brot-, Fleischer-, Leder- und Schuhgewerbe bedienten, befanden sich ursprünglich im Erdgeschoß des Rathauses und wurden später in das Stadthaus verlegt. In der Hauptsache wickelte sich der Handel jedoch auf den Wochen- und Jahrmärkten ab. Am 4. Oktober 1653 wurde der Zwiebelmarkt erstmals urkundlich erwähnt. Die Märkte fanden auf dem Marktplatz statt; ungepflastert, hatte er bis 1535 vorwiegend ritterlichen Kampfspielen als Arena gedient. Hier befinden sich noch heute der 1540 erbaute Gasthof »Zum schwarzen Bären« als der älteste der Stadt und der 1561 erstmals urkundlich erwähnte »Elephant«.
Ein allgemeiner Stillstand bzw. Rückgang der Wirtschaft im 17. Jahrhundert war auch als Folge des Dreißigjährigen Krieges zu verzeichnen. Damit verbunden war ein

Stadtschloß um 1900. An gleicher Stelle befand sich als ehemaliger Siedlungskern eine Wasserburg, deren Anlagen wiederholt abgebrannt sind. Baumeister der heutigen Form sind 1798–1791 Johann August Arens (1757–1806), 1798–1800 Nicolaus Friedrich Thouret (1767–1845) und 1800–1803 Heinrich Gentz (1766–1811). Der Westflügel wurde 1820 unter Leitung von Baumeister Clemens Wenzeslaus Coudray (1775–1845) errichtet und 1913–1914 das Ensemble durch einen Querbau von Max Littmann (1862–1931) und Jakob Heilmann (1846–1927) abgeschlossen

allmählicher Niedergang der städtischen Freiheit und Selbständigkeit. Offen griff nun der Landesherr in das kommunale Rechts- und Verfassungsleben ein. Vor allem beeinflußte er die Wahlen des Rates. Das ging so weit, daß er mehrfach seinen jeweiligen Kammerdiener zum Bürgermeister ernannte. Das Hineinregieren des Staates in die inneren Angelegenheiten der Stadt zeigte sich auch auf dem Gebiet der Gerichtsbarkeit. Die in der Stadtordnung bestätigte Selbstverwaltung wurde durch Herzog Wilhelm Ernst praktisch aufgehoben und das Bewußtsein für eigenständige Verantwortung unterdrückt – ein hoher Preis, den Weimar für die Erhebung zur Residenz zahlen mußte.

Auch der Handel nahm im 17. Jahrhundert durch die kleinstaatliche Zersplitterung und die dadurch bedingten Zoll- und Währungsschranken sowie die Maß- und Gewichtsunterschiede weiter ab. Dazu trug zudem die Verdrängung des Waid – einer Pflanze zur blauen Farbstoffgewinnung, die hier vordem angebaut worden war – durch das aus Indien eingeführte Indigo bei.

Die ungünstigen Voraussetzungen, die die abseitige Lage der Stadt von den wichtigen mittelalterlichen Verkehrswegen wie der hinter dem Ettersberg entlangführenden »Königstraße« von Erfurt nach Leipzig für den Handel bot, wurden noch durch die politische Fehlentwicklung des Herzogtums verstärkt. Nachdem Erb- und Machtstreitigkeiten bereits 1572 dazu geführt hatten, daß der einheitliche thüringische Besitz in einen Weimarer und einen Coburger Teil gespalten wurde, steigerte sich die Kleinstaaterei im 17. Jahrhundert und wurde Ausdruck der politischen Zerrissenheit Deutschlands. Das verbliebene Herzogtum teilte sich 1603 in eine Altenburger und eine Weimarer Linie. Letztere wurde 1640 und 1645 abermals gespalten und so das Land immer kleiner. Schließlich zerfiel es 1672 in die winzigen Staaten Weimar, Jena und Eisenach. Selbst als 1691 die Jenaer Linie ausstarb und ein Teil des Besitzes zur alten Linie zurückkehrte, umfaßte das Territorium kaum den heutigen Kreis Weimar. Der aufgeblähte Verwaltungsapparat der Residenz aber blieb erhalten.

Auch der Versuch, in Weimar Manufakturen aufzubauen, war zum Scheitern verurteilt. Nachdem sich 1694 zur Begründung eines neuen Wirtschaftszweiges eine brabantische Samtmanufaktur niedergelassen hatte, die nur kurze Zeit bestand, begann um die Jahrhundertwende die Einführung der Strumpffabrikation. 1711 wurde die Innung der Strumpfwirker gegründet, der die Kaufleute Johann Georg Dorn, Georg Caspar Helmershausen und der Hugenotte Pierre la Baumme angehörten. Sprunghaft ging die Entwicklung zunächst aufwärts. 1724 gab es 171 Hersteller, die mit 285 Webstühlen arbeiteten. Dann aber konnte Apolda der Residenz den Rang ablaufen. Ebenso wie die Ansiedlung einer französischen Kolonie 1715 trotz Steuerfreiheit für Seidenweberei und Strumpfwirkerei erfolglos blieb, war die Errichtung einer Tabakmanufaktur 1735 von

Wittumspalais von Nordwesten 1907. 1766 von Johann Gottfried Schlegel für den Minister Jakob Friedrich von Fritsch (1731–1814) erbaut, wurde das Haus 1774 an Herzogin Anna Amalia (1739–1807) verkauft. In ihrem Witwensitz hielt sie mit bedeutenden Persönlichkeiten die »Tafelrunde«

Großherzogliche Bibliothek um 1900. Das 1562–1565 von Nicol Gromann (um 1500–1566) errichtete Schloß wurde 1761–1766 von Johann Schmidt (1727–1807) zur Bibliothek umgebaut. Der Turm der ehemaligen Stadtbefestigung wurde 1821–1825 durch einen Anbau mit dem Bibliotheksgebäude verbunden

kurzem Bestand. Sie scheiterten an den höfischen Schranken und am Widerstand der im Zunftgeist befangenen Handwerker. Nur sehr langsam vermochte sich deshalb das frühkapitalistische Wirtschaftssystem durchzusetzen. Weimar blieb die stille Hauptstadt eines unbedeutenden Herzogtums.

Die Stagnation der ökonomischen Entwicklung machte sich auch im Bauwesen bemerkbar. Obwohl sich die Einwohnerzahl bis 1699 auf 4659 erhöht hatte, war die Stadt räumlich nicht gewachsen. Die baulichen Leistungen beschränkten sich fast ausschließlich auf den höfischen Bereich. Zudem entstanden die Sternbrücke und der »Welsche Garten« mit dem wegen seiner spiralförmig aufwärtsführenden Gänge »Schnecke« genannten Aussichtsturm jenseits der Stadtmauer in der Gegend des heutigen Beethovenplatzes.
Mit dem 18. Jahrhundert setzte eine verstärkte Bautätigkeit ein. 1702 bis 1704 entstand unter Johann Mützel das Gelbe Schloß, 1705 bis 1716 wurden unter Christian Richter (II) am heutigen Herderplatz ein neues Schulgebäude, 1706 unter Mützel das herzogliche Jagdschloß Ettersburg, 1709 das spätere Goethehaus, 1713 die Jakobskirche, 1715 bis 1718 wiederum durch Richter (II) das Reithaus an der Ilm und ab 1724 nach Entwürfen von Johann Adolph Richter und Gottfried Krohne das Schloß Belvedere errichtet. Auch die Erweiterung des Stadtgebietes wurde angestrebt. Ausgehend von wirtschaftlichen Überlegungen, versuchte Herzog Wilhelm Ernst durch Bauplatzfreigabe und Steuerfreiheit vergeblich, die Besiedlung des Gebietes im Süden vor dem Frauentor durchzusetzen. Erst Mitte des 18. Jahrhunderts begann Weimar, über seine alten Grenzen hinauszuwachsen. Im Zuge der Stadtentfestigung – der Mauerring hatte längst Sinn und Zweck verloren – wurde 1757 mit der Zuschüttung der Rehmenteiche begonnen, die zwischen dem doppelten Schutzwall in der heutigen Schillerstraße lagen. An ihrer Stelle entstand eine großzügige Esplanade. Im Jahre darauf wurde gegen den Willen des Stadtrates das innere Frauentor niedergelegt und die Steine zur Straßenpflasterung verwendet. Repräsentative Barockbauten wurden errichtet, breitere Straßen gebaut, die sich von der winkligen Altstadt abhoben. So ging auch im Stadtbild das Mittelalter zu Ende. Weimar stand am Beginn einer neuen Zeit, die die Stadt zu ungeahnter Blüte führen sollte.

◁ *Teestunde bei Herzogin Anna Amalia im Wittumspalais »Der Musenhof« 1783. Von links: Herzog Carl August (1757–1828), Johann Wolfgang von Goethe (1749–1832), Graf Wedel, Herzogin Anna Amalia (1739–1807), Johann Gottfried Herder (1744–1803), Louise von Göchhausen (1752–1807), Christoph Martin Wieland (1733–1813), Karl Friedrich von Seckendorff (1744–1785), Karl Ludwig Knebel (1744–1834), Friedrich Hildebrand von Einsiedel (1750–1828), Charlotte von Stein (1742–1827). Historiengemälde von Hans W. Schmidt*

Schloß Tiefurt um 1900. Ursprünglich als Wohnhaus des Kammergutspächters erbaut, wurde das von einem stimmungsvollen Landschaftspark umgebene, umgebaute Gebäude als Sommersitz der Herzogin Anna Amalia (1739–1807) genutzt

Das klassische Weimar

Am 7. November 1775 traf Johann Wolfgang Goethe, einer Einladung des eben an die Macht gelangten Herzogs Carl August folgend, in der Stadt an der Ilm ein. Wohl war um den 26jährigen Gast durch seinen gerade erschienenen Briefroman »Die Leiden des jungen Werther« der Glanz ersten Ruhms, doch ahnte niemand, daß mit seinem Einzug für Weimar eine Zeit begann, die den Namen der Stadt in aller Welt bekannt machen sollte. Aus dem Besuch für Wochen wurde ein Aufenthalt auf Lebenszeit. Goethe, aus der reichen Handelsstadt Frankfurt am Main stammend, sah sich plötzlich in das enge Milieu der Residenz eines politisch und wirtschaftlich unbedeutenden Zwergfürstentums versetzt. Dennoch fesselte ihn das Leben in der kleinen, überschaubaren Stadt. Die bald enge Freundschaft mit dem erst 18jährigen Landesfürsten erschloß ihm Lebensbereiche, die ihm bisher unzugänglich waren, und er sah hier eine Möglichkeit, seine Kräfte freier und nutzbringender zu entfalten.

Als Goethe in Weimar Einzug hielt, war die Stadt noch immer das »unselige Mittelding zwischen Hofstadt und Dorf«, wie sie Herder einmal nannte, mit etwa 6000 Einwohnern. Ihre soziale Schichtung unterschied sich kaum von der allgemeinen um die Jahrhundertwende: 35 Prozent der Bevölkerung waren Bedienstete und Tagelöhner, 26 Prozent Staats- und Hofbeamte, Geistliche, Lehrer und Ärzte, 22 Prozent betrieben Handwerk und Handel, 17 Prozent waren Handwerksgesellen. Nahezu zwei Drittel der Einwohner waren unmittelbar vom Hofe abhängig; 270 Personen bildeten 1779 den Hofstaat.

Äußerlich hatte sich Weimar ebenfalls kaum verändert, obwohl neue Bauten hinzugekommen waren wie das 1766 errichtete spätere Wittumspalais und das von 1770 bis 1774 unter Anton Georg Hauptmann erbaute Landschaftshaus, das von Herzog und Regierung nach dem Schloßbrand von 1774 als Fürstenhaus bis 1803 genutzt wurde. Erst um die Jahrhundertwende entstanden nach der Bebauung der jetzigen Wielandstraße und der westlichen Seite des heutigen Goetheplatzes – damals noch »Schweinsmarkt« genannt – neue Straßenzüge wie der Graben, die Ackerwand sowie die Schwansee-, Marien-, Amalien- und Erfurter Straße, deren klassizistische Gebäude zum Teil bis heute erhalten sind. Vorzugsweise nach Südwesten wuchs die Stadt, doch hatte sich 1802 die Zahl der Wohnhäuser gegenüber 1762 erst um 34 auf 763 erhöht. Nach Baumeister Hauptmann war es in dieser Zeit vor allem Clemens Wenzeslaus Coudray, dessen Bauten der Stadt das klassizistische Gepräge gaben. Mit der Entfestigung setzte auch die Kanalisation und Überwölbung der zahlreichen Wasserarme ein, die bislang offen durch die Residenz geflossen waren. Mit dem freigesetzten Baumaterial wurden Straßen und Gassen gepflastert. Trotz umfangreicher Veränderungen blieb der ländliche Charakter im Stadtbild zunächst noch erhalten und schwand erst allmählich im Laufe des 19. Jahrhunderts.

Politisch war die Zeit, da Goethe in Wei-

Schloß Ettersburg um 1900. Es wurde 1706–1712 von Baumeister Johann Mützel (1647–1717) erbaut und diente in Weimars klassischer und nachklassischer Zeit als ein kulturelles Zentrum

mar eintraf, von der fortschreitenden Entrechtung der Bürger durch die landesherrliche Gewalt und den weiteren Niedergang der kommunalen Selbständigkeit gekennzeichnet. Noch immer galt die alte Stadtordnung von 1590 und schrieb den Stillstand der rechtlichen und verwaltungsmäßigen Entwicklung fest. Die Unterdrükkung der städtischen Freiheit hatte zu wachsender Gleichgültigkeit der Bürgerschaft gegenüber den Aufgaben der Verwaltung geführt. Eine »sehr konfuse Ratswirtschaft« war entstanden, die der steigenden Schuldenlast der Stadt nicht zu begegnen wußte und dem Herzog ermöglichte, eine staatliche Kommission zur Regulierung des Ratswesens einzusetzen. Damit wurde dem Rat für Jahrzehnte die Berechtigung genommen, über die kommunalen Finanzen zu verfügen. Zugleich war eine für das gesamte weimarische Gebiet zuständige Generalpolizeidirektion geschaffen worden, die neue Möglichkeiten zum Eingriff in die inneren Angelegenheiten der Stadt bot.

Pücklerschlag im Schloßpark von Ettersburg um 1900. Der Park erhielt unter Anleitung von Hermann Fürst von Pückler (1785–1871) von 1844–1846 seine gartenkünstlerische Gestaltung

Haus der Frau von Stein, Ackerwand, 1907. Baumeister Anton Georg Hauptmann (1735–1803) errichtete um 1770 das Gebäude auf dem Gelände des Stiedenvorwerkes. Es wurde von den Familien des Oberforstmeisters von Wedell und des Oberstallmeisters von Stein bewohnt. Die Freundin Goethes, Charlotte von Stein (1742–1827), lebte hier bis zu ihrem Tode

Diese Verhältnisse änderten sich durch die Auswirkungen der Französischen Revolution auf Deutschland erst zu Beginn des 19. Jahrhunderts. Die fortschrittlichen Ideen der preußischen Reformen des Freiherrn vom Stein führten 1810 zum Erlaß einer neuen Stadtordnung, die die mittelalterliche Ratsverfassung beseitigte und neue Rechtsverhältnisse schuf. Sie räumte den Bürgern Einfluß auf die Gemeindeverwaltung ein und sah alle drei Jahre die Wahl des »Stadtrats« als eines leitenden Gremiums der Stadt durch die hausbesitzende Bürgerschaft vor. Der sich überwiegend aus Handwerksmeistern und Kaufleuten zusammensetzende Rat, dem die

Grabmal der Charlotte von Stein auf dem Historischen Friedhof. Hier befinden sich weitere Grabstätten bedeutender Persönlichkeiten wie Johann Peter Eckermann (1792–1854), Clemens Wenzeslaus Coudray (1775–1845), Luise Seidler (1786–1866), Carl August Schwerdgeburth (1785–1877), Johann Nepomuk Hummel (1778–1837), Johann Daniel Falk (1768–1826) und das Goethesche Familiengrab

Fürstenhaus (heute Hochschule für Musik »Franz Liszt") um 1900. 1770–1774 erbaute es Anton Georg Hauptmann (1735–1803) als Landschaftsgebäude, bis 1803 diente es als Wohnsitz der herzoglichen Familie, von 1808–1816 beherbergte es die Freie Zeichenschule und nach 1919 den Thüringer Landtag

Vermögensverwaltung, die Handhabung der Innungsgesetze, die Bürgeraufnahmen und die Regelung des Marktwesens oblagen, gliederte sich in einen 15köpfigen Beratungsausschuß. Die Funktion des Stadtältesten bekleidete erstmals Friedrich Johann Justin Bertuch. Gegen eine Entschädigung von 8800 Talern trat die Stadt die Gerichtsbarkeit an den Landesherrn ab. Auch war es diesem vorbehalten, von zwei vorgeschlagenen Kandidaten einen für das Amt des Bürgermeisters zu bestimmen. Wenn auf diese Weise auch die landesherrliche Oberaufsicht über die städtischen Angelegenheiten erhalten blieb, bedeutete die neue Ordnung doch einen wesentlichen Fortschritt gegenüber den alten feudalistischen Gesetzlichkeiten.

Der junge Herzog Carl August, der zwei Monate vor Eintreffen Goethes die Regierungsgewalt aus den Händen seiner frühverwitweten Mutter Anna Amalia, einer Nichte des preußischen Königs Friedrich II. – sie hatte ihn hier am 3. Dezember 1762 in der Wilhelmsburg empfangen – übernommen hatte, war damit Regent über ein fast ausschließlich landwirtschaftlich genutztes Territorium geworden, das sich 1741 durch die Angliederung des Herzogtums Eisenach wieder auf den Stand wie vor der Dreiteilung im Jahre 1672 vergrößert hatte. Neue Gebietserweiterungen ließen das Land Sachsen-Weimar-Eisenach zum größten unter den thüringischen Herrschaftsbereichen und schließlich 1815 zum Großherzogtum aufsteigen. Zugleich wuchs damit die alte Residenz durch zahlreiche neue Bauten weit über ihre einstigen Grenzen hinaus; die Einwohnerzahl erhöhte sich sprunghaft und überschritt 1829 die 10 000. Die Vergrößerung des von Weimar aus regierten Territoriums führte zu einem weiteren Anwachsen der Beamtenschaft und des Hofpersonals. Das spiegelte sich deutlich im äußeren Bild der Stadt wider. Nord- und Ostflügel des Residenzschlosses, genannt Karlsburg, unter Goethes Leitung im klassizistischen Baustil für 690 000 Taler wieder aufgebaut, waren am 1. August 1803 bezugsfertig. In der näheren Umgebung gab es die Schlösser Ettersburg und Belvedere. Gerade der letztgenannte Bau war für die allgemeinen Zustände und die Entwicklung in jener Zeit charakteristisch: Nach Versailler Vorbild für Herzog Ernst August erbaut, diente das Rokokoschlößchen der Befriedigung des Repräsentationsbedürfnisses, den Glanz des »Sonnenkönigs« Ludwig XIV. nachzuahmen. Dem Ländchen kostete der herrschaftliche Geltungsdrang 250 000 Taler. Unter dem Einfluß Goethes wurde die Anlage von allen Einrichtungen prunkhafter Übersteigerung – Fasanerie, Menagerie, Zwinger – befreit und der Park im englischen Stil natürlicher gestaltet.

Im Gegensatz zur politischen und wirtschaftlichen Bedeutungslosigkeit des im aufgeklärten Absolutismus regierten Herzogtums und seiner Residenz begann sich wenige Jahre vor der Ankunft Goethes auf kulturellem Gebiet eine Entwicklung abzuzeichnen, die Weimar bald über die vergleichbaren anderen deutschen Kleinstädte hinauswachsen ließ. Dies war vor allem dem Wirken der Herzogin Anna Amalia, die 1758 nach dem frühen Tod ihres Gatten Ernst August II. Konstantin die Regentschaft für ihren unmündigen Sohn Carl August übernommen hatte, zu danken. Sie war den geistigen Strömungen ihrer Zeit und damit den Ideen des aufstrebenden Bürgertums aufgeschlossen und bestrebt, bekannte Literaten, Künstler und Gelehrte in die Residenz zu ziehen.

Carl August-Denkmal auf dem Fürstenplatz (heute Platz der Demokratie) um 1900. Das von dem Bildhauer Adolf von Donndorf (1835–1916) geschaffene Reiterstandbild wurde 1875 zum 100. Jahrestag des Regierungsantritts von Großherzog Carl August (1757–1828) enthüllt

Die erste der sich nun nacheinander in Weimar niederlassenden und die kulturelle Entwicklung vorantreibenden Persönlichkeiten war der Dichterphilosoph Christoph Martin Wieland, Professor der Philosophie und Geschichte an der Erfurter Universität und Verfasser des ersten deutschen Bildungsromans »Agathon«. 1772 konnte ihn Anna Amalia zur Erziehung des Erbprinzen Carl August nach Weimar verpflichten. Bereits im folgenden Jahr gründete er hier die Monatsschrift »Teutscher Merkur« als die bedeutendste Literaturzeitung des 18. Jahrhunderts, die für humanistische Ideale eintrat und sich gegen die französische Überfremdung wandte. Mit Karl Ludwig von Knebel, der die Erziehung des jüngsten Sohnes der Herzogin übernommen hatte, wirkte ein weiterer bekannter Schriftsteller in der Stadt. Er war es auch, der auf einer Reise die Bekanntschaft zwischen Carl August und Goethe vermittelte.

Diese Umgebung also wurde nun Goethe zum »Schauplatz, um zu versuchen, wie einem die Weltrolle zu Gesicht stünde«. Trotz des Widerstandes des Hofklüngels und mancherlei Intrigen, die sich gegen ihn richteten, gelang ihm rasch der Aufstieg in höchste Regierungsämter des Herzogtums. So wurde er Geheimer Legationsrat, Mitglied im Geheimen Konsilium und Präsident der Finanzkammer. Darüber hinaus unterstanden ihm das Bergwerks- und das Steuerwesen, hatte er den Wegebau zu beaufsichtigen und den Vorsitz in der Kriegskommission zu führen. Sein Einfluß veranlaßte den Herzog zur Mäßigung in den Gewohnheiten eines absoluten Fürsten und zu einigen Reformen, um die Verwaltung zu verbessern und die Wirtschaft zu beleben. Auch bei der Förderung der städtischen Entwicklung erwarb sich Goethe Verdienste, besonders indem er den Straßenbau vorantrieb. Doch seinen hochgesteckten Zielen waren in einem Zwergstaat wie dem Herzogtum Sachsen-Weimar enge Grenzen gesetzt.

1792 zog Goethe endgültig in das repräsentative Bürgerhaus am Frauenplan, das er bereits von 1782 bis 1789 als Mieter bewohnt hatte und das ihm nun »erb- und eigentümlich« vom Herzog überlassen wurde. Bis an sein Lebensende wohnte er hier, sah seine Kinder und Enkel aufwachsen und schuf seine reifsten Werke. 1790 trat Goethe von den zahlreichen Regierungsämtern zurück, um sich ganz seinem literarischen und wissenschaftlichen Schaffen widmen zu können. Seine offiziellen Verpflichtungen beschränkten sich nun ausschließlich auf den kulturellen Bereich. Er übernahm die Oberaufsicht über das Bildungswesen, so über die Bibliotheken, das Theater und die Jenaer Universität. Verstärkt wandte sich Goethe nach seiner ersten italienischen Reise der naturkundlichen Forschung zu aus dem Drang heraus, »daß ich erkenne, was die Welt im Innersten zusammenhält«. Nachdem er bereits 1784 den menschlichen Zwischenkieferknochen entdeckt und sich neben der Anatomie vor allem mit Mineralogie beschäftigt hatte, setzte er nun besonders seine Arbeiten über die Metamorphose der Pflanzen und die Farbenlehre fort, wobei er letztere irrtümlich höher bewertete als sein ganzes Dichtwerk. Mit dem Streben nach neuen Erkenntnissen wuchs seine Kritik an den gesellschaftlichen Verhältnissen. Schließlich krönte er hier sein Lebenswerk mit der Vollendung des »Faust«, mit dem er sich zum gesellschaftlich nützlichen Tätigsein als dem obersten Ziel menschlichen Lebens bekannte. So wurde das Haus am Frauenplan in aller Welt berühmt als die Stätte, von der Karl Immermann sagte: »Hierher soll man junge Leute führen, damit sie den Eindruck eines soliden, redlich verwandten Daseins gewinnen. Hier soll man sie drei Gelübde ablegen lassen, das des Fleißes, der Wahrhaftigkeit, der Konsequenz.«

Neben dem dichterischen Schaffen Goethes war es vor allem sein Einfluß auf die Entwicklung des Theaterwesens, der die Stadt zum damaligen geistigen Zentrum Deutschlands werden ließ. Nach dem Schloßbrand 1774 fanden Aufführungen im Fürstenhaus und im Redoutenhaus an der Esplanade statt. Um der Begrenztheit der Bühnenverhältnisse abzuhelfen, ent-

Goethehaus am Frauenplan und Gasthaus zum weißen Schwan um 1900. Das 1709 erbaute Barockhaus wurde 1782–1789 und von 1792 bis zu seinem Tode von Johann Wolfgang Goethe bewohnt. Es erhielt 1913 einen Anbau zur Seifengasse und 1935 eine Erweiterung zur Akkerwand

Schillerhaus im Festschmuck 1905. Der Dichter bewohnte das Haus an der Esplanade von 1802 bis zu seinem Tode 1805

stand an der Stelle des heutigen Deutschen Nationaltheaters das erste Weimarer Komödienhaus, dessen Leitung Goethe 1791 übertragen wurde. Damit begann ein neuer Abschnitt in der deutschen Bühnengeschichte; es schlug die Geburtsstunde des klassischen Theaters. Goethes Hauptanliegen war die Widerspiegelung der Wirklichkeit in ihrer künstlerischen Erhöhung und damit die Hinwendung zum Menschen. Dazu wurden neue Grundsätze in der Darstellung erarbeitet, die in der Verschmelzung von Kunst und Leben, Bühne und Zuschauer wurzelten. So entstand im schöpferischen Zusammenwirken mit Friedrich Schiller jene »Weimarische Dramaturgie«, die auf ganz Deutschland ausstrahlte und die geistige Erneuerung vorantrieb.

Über zweieinhalb Jahrzehnte leitete Goethe das Theater. Zahlreiche Werke erlebten in jener Zeit ihre Uraufführung. Es begann 1798 nach dem unter Leitung von Nicolaus Friedrich Thouret erfolgten Umbau des Hauses mit »Wallensteins Lager«. Dann gingen in rascher Folge »Die Piccolomini« und »Wallensteins Tod« über die Bühne, danach »Maria Stuart«, »Die Braut von Messina«, »Die Jungfrau von Orleans« und »Wilhelm Tell«. Neben diesen Dramen Schillers wurden hier auch Goethes »Egmont« und »Tasso« zum ersten Mal aufgeführt. »Faust« hingegen, das eindrucksvollste dramatische Werk der deutschen Literatur, wurde in seinem I. Teil im Januar 1829 in Braunschweig uraufgeführt und kam erst sieben Wochen später auf die Bühne des nach dem Brand 1825 nach Entwürfen von Carl Friedrich Steiner neuerrichteten Weimarer Hoftheaters. Nach dem Tode Herders 1803, Schillers 1805 und Wielands 1813 sowie seiner Frau Christiane 1816 vergrub sich Goethe von Jahr zu Jahr mehr in der Stille seines Arbeitszimmers. Hinzu kamen Intrigen, die 1817 zur Niederlegung der Leitung des Theaters führten.

Goethes Naturverbundenheit und die Lage seines Gartenhauses inmitten einer reizvollen Landschaft, das er von 1776 bis 1782 bewohnte, ließen ihn auch zum Schöpfer eines Werkes werden, das sich in stets neuer Verjüngung bis in unsere Tage erhalten hat und eine lebendige Erinnerung an sein Wirken darstellt.

Das Bedürfnis der eigenhändigen Formung des Gärtchens um sein kleines Haus dehnte er auf das ganze Landschaftsgebiet aus. So entstand ab 1778 in einer ein halbes Jahrhundert währenden Arbeit der Park an

Herderhaus hinter der Stadtkirche 1907. In dem 1726–1727 unter Verwendung älterer Bausubstanz errichteten Barockbau wohnte der Philosoph und Theologe Johann Gottfried Herder (1744–1803) 1776 bis zu seinem Tode

Goethe-Schiller-Denkmal vor dem Hoftheater 1906. Der Bildhauer Ernst Rietschel (1804–1861) schuf das am 4. September 1857 enthüllte Doppelstandbild. Das Erz der Figuren, eine Spende des bayrischen Königs, stammt von erbeuteten türkischen Kanonen, der Sockel ist aus badischem Granit

Bürgerschulstraße (heute Karl-Liebknecht-Straße) mit Bertuchhaus 1907. Der »Kaufmann der Goethezeit«, Friedrich Justin Bertuch (1747–1822), erwarb 1776 Haus und Garten und begründete das Landes-Industrie-Comptoir; er gab das »Journal des Luxus und der Moden« heraus

der Ilm. Die erste größere Schöpfung bei der Anlage war die Felsentreppe mit dem im Volksmund als »Nadelöhr« bezeichneten Felsentor. Malerische Denkmäler und romantische Bauten fügten sich bald organisch in die nach englischem Stil geformte Natur ein. Dergestalt wuchs der Park, der im Gegensatz zu den vorherigen höfischen Gärten auf Veranlassung Goethes auch den Weimarer Bürgern zur Erholung offenstand – eine für die damalige Zeit revolutionierende Neuerung.

Goethes Wirken ließ die ansonsten recht unbedeutende Residenzstadt rasch zu hohem Ansehen auch über die Grenzen Deutschlands hinaus gelangen. Sie zog berühmte Literaten, Künstler und Gelehrte an. Der erste, der als einer der führenden Vertreter des klassischen deutschen Humanismus auf Goethes Rat 1776 nach Weimar berufen wurde, war Johann Gottfried Herder; er wurde oberster Geistlicher des Herzogtums. Er setzte sich für die Verwirklichung bürgerlicher Rechte ein und richtete in der Erkenntnis des Anspruchs aller auf Erziehung und Bildung gegen den Willen der Regierung Volksschulen ein. Zugleich wurde er durch sein schriftstellerisches und philosophisches Wirken zum Wegbereiter der ersten demokratischen Strömung in der deutschen Literaturgeschichte. Er hatte bereits in Straßburg Goethe zu der Einsicht von der dem ganzen Volk gehörenden Dichtkunst verholfen und setzte auch in Weimar seinen Einfluß auf dessen bürgerliche Denkart nachhaltig fort.

Bereits 1774 war Goethes Zeichenlehrer Georg Melchior Kraus aus Frankfurt am Main gekommen und hatte wenige Zeit später als erster Direktor die Leitung der von Bertuch begründeten Freien Zeichenschule übernommen. Mit Johann Heinrich Meyer, der auf Veranlassung Goethes 1791 aus der Schweiz übersiedelte, kam ein weiterer bekannter Maler in die Residenzstadt; er wurde zum Ratgeber des Dichters auf dem Gebiet der bildenden Kunst und unterrichtete ab 1795 ebenfalls an der Freien Zeichenschule.

Die Leipziger Sängerin und Schauspielerin Corona Schröter begann 1776 ihre Karriere am hiesigen Liebhabertheater, indem sie dem Ruf Goethes gefolgt war. Sie trug mit ihrer musischen Begabung dazu bei, daß sich das Theater aus der einstigen Seichtheit zur »moralischen Anstalt«, wie Schiller es forderte, entwickelte. Im Jahre der Uraufführung seines Schauspiels »Wallensteins Tod« 1799 siedelte Friedrich Schiller »zur unmittelbaren Anschauung des Theaters« nach Weimar über. 1802 bezog er das für 4200 Taler erworbene Haus an der Esplanade. Hier verbrachte er die letzten drei Jahre seines Lebens in rastlosem Schaffen. In dieser Zeit entstanden in rascher Aufeinanderfolge »Die Braut von Messina«, »Die Huldigung der Künste«, »Wilhelm Tell« und der unvollendet gebliebene »Demetrius«. Von Weimar als dem Mittelpunkt des deutschen Geisteslebens waren zudem Bettina von Arnim, der Schriftsteller und Pädagoge Johannes Falk, der Arzt Christoph Wilhelm Hufeland, der Gelehrte Wilhelm von Humboldt, der Bildhauer

Goethe-Gartenhaus um 1920. Goethe bewohnte das im Park an der Ilm gelegene Gartenhaus von 1776–1782

Maria-Paulowna-Brunnen in der Geleitstraße, Detail. Auf Veranlassung der Großherzogin Maria Paulowna (1786–1859) erhielt der Geleitbrunnen 1847 eine neue künstlerische Fassung

Tempelherrenhaus im Park um 1910. Vier lebensgroße, von Martin Gottlieb Klauer (1742–1801) geschaffene Tempelherrenfiguren gaben dem 1787 im neugotischen Stil errichteten Teehaus den Namen. Nach seinem Abriß wurde es 1823 wieder aufgebaut und die Figuren von Johann Peter Kaufmann (1764–1829) in Sandstein kopiert, unten links

Fürstengruft mit russisch-orthodoxer Kapelle auf dem Historischen Friedhof um 1910. An die von Clemens Wenzeslaus Coudray (1775–1845) 1825 vollendete Fürstengruft – neben der herzoglichen auch Begräbnisstätte Goethes und 1827 Schillers – wurde 1862 auf letztwillige Verfügung der Großherzogin Maria Paulowna (1786–1859) durch Baumeister Ferdinand Streichhan (1814–1884) die Kapelle im russisch-byzantinischen Stil angebaut, unten rechts

Gottlieb Martin Klauer, die zwei bedeutenden Dichter des Sturm und Drangs Jakob Michael R. Lenz und Friedrich Maximilian Klinger, der Philosoph und Schriftsteller Karl Ludwig von Knebel, der Schriftsteller Jean Paul, der Bibliotheksdirektor Friedrich Wilhelm Riemer, Johanna Schopenhauer sowie Peter Eckermann, der treue Helfer des alten Goethe, angezogen.

War zu der Zeit, da Goethe nach Weimar kam, noch der ländliche Charakter der Stadt vorherrschend, so trat dieser in den folgenden Jahrzehnten immer mehr zurück. Die Flur wurde mit Häusern bebaut, der Rest der Felder an die umliegenden Dörfer verpachtet. So schwand im 19. Jahrhundert Weimars Charakter als Akkerbürgerstadt. Das ging jedoch nicht mit einer grundlegenden industriellen Belebung einher. Bedeutendster Vorkämpfer der Industrialisierung war der »Kaufmann der Goethezeit«, Friedrich Justin Bertuch, ein vielseitiger und dem Fortschritt aufgeschlossener Mann. Zunächst Geheimsekretär und Schatzmeister des Herzogs sowie Leiter der Parkverwaltung, wandte er sich später der Schriftstellerei zu. Er schrieb für Wielands »Teutschen Merkur«, versuchte sich als Übersetzer und Bühnenautor. Darüber hinaus erkannte er aber die wirtschaftlichen Erfordernisse seiner Zeit. 1777 beantragte er die Nutzung des fürstlichen Baumgartens in Erbpacht, eines damals noch vor der Stadt gelegenen Geländes. Dort ließ er sich später ein Wohn- und Geschäftshaus errichten, in dem er 1791 unter dem Namen »Landes-Industrie-Comptoir« das erste handwerkliche Großunternehmen gründete. Es umfaßte zunächst mehrere Wirtschaftszweige, so die Herstellung von Kunstblumen und künstlerischen Tonwaren. Bald beschränkte er sich jedoch vornehmlich auf das Verlagsunternehmen. Bedeutend waren zum Beispiel die »Allgemeine Literatur-Zeitung«, »Die blaue Bibliothek der Nationen«, das »Bilderbuch für Kinder« sowie die 1785 nach französischem Vorbild gegründete erste deutsche Modezeitung »Journal der Moden«, die sich später »Journal des Luxus und der Moden« nannte. Auch das 1804 abgezweigte Geographische Institut erlangte mit seinen Globen und Landkarten, mit Veröffentlichungen wie der »Neuesten Länder- und Völkerkunde« und dem »Handbuch der neuesten Erdbeschreibung« eine weit über Weimar hinausreichende Bedeutung. Zeitweise beschäftigte Bertuch über 250 Weimarer

Carl-August-Brunnen auf dem Frauenplan um 1920. Der von Clemens Wenzeslaus Coudray (1775–1845) entworfene und 1821 aufgestellte erste eiserne Laufbrunnen der Stadt kostete 500 Taler

Herderbrunnen am Herderplatz um 1920. Der nach einem Entwurf Clemens Wenzeslaus Coudrays (1775–1845) 1832 errichtete Laufbrunnen erhielt 1850 seinen Namen

Theaterbrunnen um 1910 an der Inneren Erfurter Straße (heute Heinrich-Heine-Straße)

Radbrunnen in der Gartenstraße (heute Abraham-Lincoln-Straße), oben links

Brunnen in der Schloßgasse gegenüber dem Löwenportal des Schlosses

Bürgerschule im Festschmuck 1925. Die nach Plänen von Clemens Wenzeslaus Coudray (1774–1845) erbaute und als Carl-August-Schule am 20. Oktober 1825 eröffnete städtische Schule begeht ihren 100. Jahrestag

Bürger und zahlte jährlich 27 000 Taler Arbeitslohn, ohne jedoch mit seinem Unternehmen den Auftakt zur weiteren industriellen Entwicklung geben zu können.

Kanonendonner unterbrach im Jahre 1806 die Stille der vom großen politischen Weltgeschehen abgeschiedenen Stadt. Am 14. Oktober wurden die preußisch-sächsischen Hauptarmeen in der Doppelschlacht bei Jena und Auerstedt von den Truppen Napoleons I. Bonaparte vernichtend geschlagen. Auch das verbündete thüringische Herzogtum mußte die Folgen der Niederlage tragen. Die siegreichen französischen Truppen fielen in die Stadt ein, und über 5000 Soldaten plünderten Häuser und Kirchen. Am 15. Oktober kam Napoleon selbst nach Weimar und ließ tags darauf, bewegt durch die Fürsprache der Herzogin Luise und unter dem Eindruck der mutigen Tat des Schuhmachers Johann Heinrich Petri, der den Kaiser um Schonung der Stadt bat, das Plündern einstellen. Dennoch war der angerichtete Schaden hoch.

Im Friedensvertrag zu Posen konnte das Herzogtum zwar seine staatliche Selbständigkeit bewahren, mußte aber ein Prozent seiner Einwohner zum Kriegsdienst für das napoleonische Heer stellen und 2,2 Millionen Franken Kontribution zahlen. Goethe, dessen Haus am Frauenplan auch nicht von französischer Einquartierung verschont geblieben war, traf 1808 während des Erfurter Fürstenkongresses mit Napoleon erstmals zusammen und erhielt den Orden der Ehrenlegion verliehen. Während die Einwohner unter den Kriegsdrangsalen litten, veranstaltete der Hof auf dem Ettersberg in Anwesenheit des Zaren Alexander I. von Rußland und der Könige Friedrich I. August von Sachsen sowie Maximilian I. Joseph von Bayern eine große Hirschjagd, deren Kosten sich auf 15 000 Taler beliefen.

Der angestaute Widerstand der Bevölkerung gegen die napoleonische Fremdherrschaft brach offen aus, als sich der Befreiungskrieg des russischen Volkes auf Deutschland auszuweiten begann. Zehntausende Soldaten und fast ebenso viele Pferde der geschlagenen französischen Armee und der Verbündeten mußten aufgenommen werden, bevor am 22. Oktober 1813 russische Kosaken, preußische und ungarische Husaren sowie österreichische Dragoner die nach der Völkerschlacht bei Leipzig zurückflutenden napoleonischen Truppen vor dem Jakobstor aufhielten und deren Plan vereitelten, die Stadt niederzubrennen. Eine Welle patriotischer Begeisterung erfaßte die Bürger, obwohl sie auch in der Folgezeit drückenden Kriegsbelastungen ausgesetzt waren. Zur Verfolgung Napoleons bildete sich aus allen Schichten die »Schar der Weimarischen Freiwilligen Jäger«.

Das Volk war durch die Befreiungskriege gewachsen und empfand sich als werdende Nation. Es verlangte jetzt nach politischen Rechten und Freiheiten. Dieser Forderung mußte Carl August nachkommen; als einer der ersten deutschen Fürsten erließ er am 5. Mai 1816 eine landständische Verfassung, die den Adel, das Bürgertum und die Bauern als Landstände anerkannte. Der Landtag erhielt das Recht, bei der Gesetzgebung und bei der Steuerbewilligung mitzuwirken.

Am 22. März 1832 starb Johann Wolfgang Goethe. In der von Coudray im klassizistischen Stil erbauten Fürstengruft wurde er an der Seite Schillers zur letzten Ruhe gebettet. Sein Wirken ließ Weimar zum geistigen Mittelpunkt Deutschlands emporwachsen und machte es als Stadt der deutschen Klassik in der Welt bekannt.

Lesemuseum am Karlsplatz (heute Goetheplatz) um 1920. In Anlehnung an den Niketempel der Akropolis in Athen wurde das durch Baumeister Ferdinand Streichhan errichtete Gesellschaftshaus für die Lesegesellschaft am 4. August 1860 eröffnet und 1864 seitlich ein Laufbrunnen in Betrieb genommen

Schlangenstein im Park. Der Bildhauer Martin Gottlieb Klauer (1742–1801) schuf den 1787 am linken Ilmufer aufgestellten Denkstein mit der Inschrift »Genio huius loci« (Dem Schutzgeist dieses Ortes), links

Gesundbrunnen im Park um 1900

Das nachklassische Weimar

Nach Goethes Tod wurde es zunächst still um Weimar. Die Stadt versank in kleinbürgerlicher Enge, teilte begrenzt die allgemeine Entwicklung. Durch das Bemühen Goethes hatte sich 1803 mit einer regelmäßigen Postkutschenverbindung zur Hauptstraße Erfurt–Leipzig der Anschluß an das Verkehrsnetz vollzogen. Diese Entwicklung setzte sich besonders nach dem Fall der innerdeutschen Zollgrenzen 1834 fort. Zwölf Jahre später wurde die Eisenbahnlinie von Halle bis Weimar in Betrieb genommen; am 1. April 1847 wurde auf der Eisenbahnstrecke nach Erfurt der Fahrbetrieb aufgenommen.

1838 wurde gegen den Willen der Mehrheit des Rates durch Herzog Carl Friedrich eine neue Stadtordnung erlassen, die bis zur Einführung der Gemeindeordnung am 1. August 1850 gültig war. Sie nahm dem Stadtrat das Recht, den Bürgermeister zu wählen, der mit der Amtsbezeichnung »Oberbürgermeister und Stadtdirektor« vom Staatsministerium eingesetzt wurde. Die unter Auswirkung der bürgerlich-demokratischen Revolution von 1848/49 erlassene Gemeindeordnung bewirkte eine verfassungsmäßige Gleichstellung aller Stadt- und Landgemeinden und galt mit geringen Änderungen – 1895 endgültig formuliert – bis zur Novemberrevolution 1918. Sie sah als höchstes kommunales Gremium einen 28köpfigen Gemeinderat vor, der aus Wahlen der Bürgerschaft für drei Jahre hervorging; seine Geschäfte besorgte der Oberbürgermeister. Wahlberechtigt waren weiterhin nur Hausbesitzer und juristische Personen wie Kommandit- und Aktiengesellschaften. Damit blieben die meisten Einwohner ohne Einfluß auf das kommunale Geschehen. Um 1900 besaßen von 29 920 Einwohnern nur etwa 2000 das Wahlrecht. Hinzu kam, daß alle Gemeinderatsbeschlüsse der Zustimmung durch die Regierung bedurften.

Die wirtschaftlichen Grundlagen für diese sich verstärkt auf das Bürgertum orientierende gesellschaftliche Weiterentwicklung waren in Weimar nur langsam gewachsen. Nach wie vor war die Landwirtschaft ein wichtiger Erwerbszweig. Vor allem aber hatte sich das Handwerk beträchtlich ausgedehnt und stellte neben dem Beamtentum den größten Anteil der Bürger. Auch von dem industriellen Aufschwung nach der 1871 vollzogenen nationalstaatlichen Einigung Deutschlands blieb Weimar faktisch unberührt. Erst Ende des Jahrhunderts kam es neben einer bestehenden Dampfziegelfabrik, einem holzverarbeitenden Betrieb, neben einer Ofen- und Tonwarenfabrik sowie neben der 1845 von Louis Römhild gegründeten Pianofortefabrik zur Ansiedlung einiger Industriebetriebe. Einrichtungen wie Wasserleitung und Pumpwerk folgten Gas- und 1898 Elektrizitätswerke; 1899 nahm die Straßenbahn ihren Fahrbetrieb auf. Die im November 1898 eröffnete Waggonfabrik begann auf dem Gelände einer früheren Ziegelei in der Buttelstedter Straße mit der Herstellung von Eisenbahnwaggons und Wagen für den elektrischen Betrieb. Ein Jahr später stellten hier 300 Arbeiter 336 Waggons her. Daneben bestanden etwa 25 Kleinbetriebe verschiedener Industriezweige. Demgegenüber gab es neun Bank- und Wechselinstitute sowie 129 Versicherungsanstalten und -agenturen. Vor dem Ersten Weltkrieg waren es insgesamt nur etwa 3000 Arbeiter, die in Industrie- und größeren Handwerksbetrieben tätig waren, wobei noch ein Großteil von ihnen außerhalb der Stadt wohnte, obgleich sich diese durch eine rege Bautätigkeit beträchtlich nach Norden und Westen ausgeweitet hatte. Weimar wurde ideale Heimstatt für die sich in wachsender Zahl ansiedelnden Rentiers und Pensionäre.

Selbst die verbesserten Verkehrsverhältnisse und der auch solchermaßen geförderte Fremdenverkehr, dessen steigende Tendenz durch die Anziehungskraft der klassischen Stätten sowie des reichhaltigen Musik- und Theaterlebens der Stadt bewirkt wurde, hatten zu keinem wesentlichen wirtschaftlichen Aufschwung geführt. Die ökonomische beeinflußte zugleich die politische Entwicklung in Weimar. Hatten schon in der Vergangenheit mit Ausnahme der Zeit der Befreiungskriege die bedeutsamen geschichtlichen Ereignisse, die Deutschland und Europa erschütterten, nur geringe Resonanz in der Stadt und der Mehrzahl ihrer Bewohner hervorgerufen, so änderte sich auch im 19. Jahrhundert kaum etwas an dieser Haltung. Zu den Ursachen zählte vor allem, daß die meisten Einwohner direkt oder indirekt vom Hofe abhängig waren.

Die wenigen fortschrittlichen Vorstöße von Demokraten blieben Einzelaktionen. Das zeigte sich deutlich in den Revolutionstagen des Jahres 1848. Wohl kam es am 8. und 11. März auf dem Marktplatz und dem Schloßhof zu Demonstrationen, doch stammten die meisten Teilnehmer aus den umliegenden Ortschaften. Impulse für die revolutionären Regungen kamen vornehmlich von außen, vor allem durch die ideologische Unterstützung der Jenaer Oppositionellen. Führend wurde in Weimar der Schriftsteller Heinrich Jäde, der eine gemäßigt demokratische Richtung vertrat. Er gab seit dem 1. April 1848 das »Demokratische Flugblatt« heraus, aus dem noch im selben Monat das »Weimarische Volksblatt« hervorging. Wenn auch der Großherzog Pressefreiheit und politische Amnestie verkünden und die Regierung umbilden mußte, blieb die bürgerlich-demokratische Revolution doch, wie in ganz Deutschland, in ihren Hauptzielen unvollendet, weil ein Teil des Bürgertums auf die Seite der feudalen Reaktion schwenkte und der Volksbewegung in den Rücken fiel. So rief der Stadtrat zur »Aufrechterhaltung der Ordnung und des Gesetzes« auf. Die im April gebildete Bürgerwehr, wie alle im Großherzogtum von Erbgroßherzog Carl Alexander geführt, trat für den Schutz und die Erhaltung der Monarchie ein. In konservativen Vereinigungen unterstützten die Beamten und Regierungsangestellten die bestehenden Verhältnisse. Mit Abstufungen ein Gleiches taten die Unternehmer und selbständigen Handwerker sowie Teile des Kleinbürgertums im Rahmen bürgerlicher Parteien und Verbände.

Mitte des 19. Jahrhunderts begann in Weimar die zweite große Kulturepoche, die von der Musik und der bildenden Kunst geprägt war. Sie wurde durch die Berufung des schon damals weltberühmten Klaviervirtuosen und Komponisten Franz Liszt zum Hofkapellmeister eingeleitet. Nach seiner Übersiedlung 1848 nach Weimar entwickelte sich die Stadt erneut zu einem internationalen Mittelpunkt geistig-künstlerischen Schaffens. Zentrum seines Wirkens wurde die Altenburg. Hier scharten sich namhafte Freunde und Verehrer um ihn, bekannte Musiker wie Hector Berlioz, Alexander Borodin, Johannes Brahms, Hans von Bülow, Peter Cornelius, Joseph Joachim, Anton Rubinstein, Clara Schumann, Bedřich Smetana und Richard Wagner. Es kamen berühmte Literaten wie der Märchenerzähler Hans Christian Andersen, Bettina von Arnim, August Heinrich Hoffmann von Fallersleben, Gustav Freytag, Karl Gutzkow und Friedrich Hebbel. Zum Freundeskreis um Liszt zählten ferner Künstler wie Adolf von Donndorf, Wilhelm von Kaulbach, Friedrich Preller, Ernst Rietschel und Moritz von Schwindt sowie große Schauspieler und Schauspie-

Blick vom Wielandplatz zum Frauenplan um 1900. Rechts das nach einem Entwurf von Clemens Wenzeslaus Coudray (1774–1845) 1822 als Chaussee- und Torhaus errichtete Gebäude, das linke Haus wurde 1903 abgerissen, um einem nach Plänen von Rudolph Zapfe (1860–1934) 1906 errichteten Neubau im Jugendstil Platz zu machen

Blick vom Hoftheater nach Süden um 1900. Im Vordergrund das 1823 als Wagenremise nach Plänen von Clemens Wenzeslaus Coudray (1774–1845) erbaute spätere Kulissenhaus

lerinnen wie Emil Devrient, Eduard Genast und Marie Seebach. Mit seinem 1854 »zur gegenseitigen Anregung, Unterhaltung und zur Abwehr gegen feindselige reaktionäre Zöpfe« gegründeten »Neu-Weimar-Verein« sagte Liszt all jenen den Kampf an, die nach der Revolution von 1848/49 die alte Ordnung zu restaurieren und zu festigen suchten.

So wurde die Altenburg zugleich zu einem Zentrum demokratisch-oppositionellen Geistes: In diesem Haus hatte der Meister auch seine fruchtbarste kompositorische Schaffensperiode. Berühmte sinfonische Dichtungen entstanden, bedeutende Klavierkonzerte, Sonaten, Rhapsodien, Messen und Oratorien. Hier formte er den neuen Stil der »Programm-Musik« zur vollendeten Verschmelzung von Wort und Ton. Ebenso erfolgreich war sein Wirken als Kapellmeister. 44 Opern brachte er in den ersten zehn Jahren seiner Weimarer Zeit zur Aufführung, darunter neben den Werken Richard Wagners solche wie »Benvenuto Cellini« von Hector Berlioz, »Der Barbier von Bagdad« von Peter Cornelius, »Martha« von Friedrich von Flotow, »Ernani« und »Die beiden Toscari« von Guiseppe Verdi. Zugleich erlebte auch das Schauspiel mit den herausragenden Inszenierungen vor allem der Shakespeareschen Königsdramen durch Franz von Dingelstedt einen sichtbaren Aufschwung.

Trotz dieser Erfolge vermochte Franz Liszt mit seinem vorwärtsstürmenden Genie nicht, die engen Schranken höfischen Geistes zu durchbrechen. Verbittert wandte er sich 1861 von der Stadt und siedelte nach Rom über. Erst nach acht Jahren erfolgreichen Schaffens im Ausland kehrte er an die Stätte seines einstigen Wirkens zurück und richtete sich in dem heute nach ihm benannten Haus am Park an der Ilm eine Wohnung ein. Auch jetzt, da er sich ganz seinem kompositorischen Schaffen und der Heranbildung von Pianisten widmete, fand sich rasch ein großer Kreis seiner Verehrer ein. Kostenlos erteilte er den manchmal über 50 jungen Künstlern Unterricht und erzog sie außerdem im Sinne eines tätigen Humanismus, formte so eine Generation zur Vollendung seiner eigenen Ziele. Er gab auch die Anregung zu der von Carl Müllerhartung 1872 mit 14 Schülern im Wittumspalais gegründeten ersten deutschen Orchesterschule, aus der sich die heutige, seinen Namen tragende Hochschule für Musik entwickelte. Obgleich er in den letzten Lebensjahren das öffentliche Auftreten scheute, war er bei der Bevölkerung ebenso bekannt wie beliebt – eine Persönlichkeit, die dem nachklassischen Weimar ihren Stempel aufdrückte. Nach seinem Tode 1886 in Bayreuth kam es durch Richard Strauss, der hier von 1889 bis 1894 als Hofkapellmeister wirkte und die Uraufführung seiner ersten Oper »Guntram« und die der Humperdinckschen Märchenoper »Hänsel und Gretel« leitete, sowie den vorübergehenden Aufenthalt von Eugen d'Albert und Max Reger nochmals zu einem Höhepunkt im Weimarer Musikleben.

Zugleich war diese Zeit durch das Bemühen um die Erhaltung und Bewahrung des klassischen Erbes gekennzeichnet. 1886 wurde nach dem Ableben des letzten Goethe-Enkels Walther Wolfgang 1885 das Haus am Frauenplan der Öffentlichkeit als Nationalmuseum zugänglich gemacht. Für das Familienarchiv des Dichters entstand unter Leitung von Otto Minkert ein 1896 eingeweihtes Gebäude, das auch den Nachlaß Schillers und später den vieler anderer berühmter Persönlichkeiten aufnahm. Mehrere zentrale Vereinigungen und Einrichtungen, die ebenfalls die Pflege kultureller Traditionen zum Ziel hatten, ließen sich in Weimar nieder, so nacheinander die Shakespeare-Gesellschaft, die Schiller- und die Deutsche Liszt-Stiftung, die Goethe-Gesellschaft und der Franz-Liszt-Bund.

Die zweite Hälfte des 19. Jahrhunderts führte in Weimar aber nicht nur die Musik zu kultureller Blüte. 1860 wurde die Kunstschule begründet, die bald den Ruf als eine der fortschrittlichsten Ausbildungsstätten im damaligen Deutschland erlangte. Dies war vor allem Resultat einer hier vertretenen freieren Lehrauffassung, die sich dem erstarrenden Akademismus entgegenstellte.

Im Mittelpunkt des Wirkens stand eine Gruppe von Lehrern und Schülern, die sich im wesentlichen der Landschaftsmalerei widmete und als »Weimarer Malerschule« in die Kunstgeschichte einging. Anregungen der französischen »Schule von Barbizon« verarbeitend, vermittelte sie durch ihre Werke wesentliche Impulse einer realistischen Anschauungs- und Gestaltungsweise, die im Ansatz die Herausbildung des Impressionismus schon mit einschloß, dem sie solchermaßen künstlerische Wirksamkeit und gesellschaftliche Anerkennung erlangen half. Im bestimmenden Landschaftsfach wurde die Hinwendung zum Realismus durch Lehrer wie Franz Lenbach, Alexander Michelis, Theodor Hagen und Albert Brendel, in der Figuralmalerei vor allem von Leopold Graf von Kalckreuth getragen und weitergegeben. Zahlreiche klangvolle Namen verbinden sich mit der Weimarer Kunstschule, deren Ruf bald über die Grenzen Deutschlands hinausdrang: Paul Baum, Reinhold Begas, Arnold Böcklin, Albert Brendel, Karl Buchholz, Alexander von Gleichen-Rußwurm, Josef Hegenbarth, Walther Klemm, Max Liebermann, Fritz Mackensen, Hans Olde, Ferdinand Pauwels, Christian Rohlfs, Alexander von Szpinger, Max Thedy, Paul Tübbecke, Eduard Weichberger und viele andere.

Die Weimarer Kunstschule – Keimzelle der heutigen Hochschule für Architektur und Bauwesen – trug wesentlich zur geistig-kulturellen Belebung der Stadt bei. Doch um die Jahrhundertwende hatte sich ihre Schrittmacherrolle erschöpft; denn noch immer dominierte der höfische und kleinstädtische Geist, der sich dem fortschrittlichen Kunststreben entgegenstellte und zahlreiche bedeutende Künstler veranlaßte, vor der Engstirnigkeit ihrer Umwelt zu kapitulieren.

Zu einer neuen Belebung kam es, als 1902 mit dem belgischen Architekten Henry van de Velde ein Hauptvertreter des Jugendstils in die Residenzstadt übersiedelte. Er war von 1907 bis 1915 Direktor der von ihm gegründeten Kunstgewerbeschule, die in eigenen Werkstätten mehrere Fachgebiete wie Keramik, Porzellanmalerei, Weberei, Buchdruck und -binderei, Holzschnitz- und Schmiedekunst umfaßte. In dieser Zeit begann in Weimar auch das progressive künstlerische und kulturpolitische Wirken von Harry Graf Keßler; 1913 erschienen die ersten bibliophilen Drucke seiner bald weit über Deutschland hinaus berühmten »Cranach-Presse«. Walter Gropius schließlich war es, der 1919 die Vereinigung der traditionsreichen Kunstschule – 1910 zur Hochschule für bildende Kunst erhoben – mit der Kunstgewerbeschule zum »Staatlichen Bauhaus in Weimar« bewirkte. Er berief bedeutende bildende Künstler als Lehrer, so Lyonel Feininger, Gerhard Marcks, Johannes Itten, Paul Klee, Oskar Schlemmer, Georg Muche, Lothar Schreyer, Wassili Kandinski und László Moholy-Nagy.

Blick vom Bahnhof in die Sophienstraße (heute Carl-August-Allee) um 1900. Links das 1883 für den Vorschuß- und Sparverein errichtete Gebäude wurde 1914 als Hotel »Victoria« geführt, rechts das zu der Zeit größte Hotel »Kaiserin Augusta« mit 100 Betten und 15 Garagen

Terrasse des Hotels »Kaiserin Augusta«. 1915 wurde die Terrasse verglast

Rathaus am Markt um 1900. Unter Leitung von Baurat Heinrich Heß (1794–1865) wurde es 1841 im neugotischen Stil erbaut. Vom 1837 abgebrannten Renaissance-Rathaus aus dem Jahre 1583 sind zwei Portale und das steinerne Stadtwappen erhalten. Die Ersterwähnung des Rathauses datiert von 1299

Die Pädagogik des Bauhauses unterschied sich grundlegend von der anderer Kunstakademien oder Technischer Hochschulen. Bauhaus – das bedeutete zunächst in Überwindung der Trennung von Kunst und Handwerk das Zusammenführen aller formschaffenden Gebiete von Tischlerei und Töpferei über Bildhauerei und Malerei bis hin zur Bühnengestaltung und Architektur. Ziel war die Synthese in einem neuen Gesamtkunstwerk, dem »großen Bau«. Bauhaus – das hieß aber auch handwerkliche Ausbildung als Fundament der Lehre. Produktive Arbeit in den Werkstätten wurde zum Kernstück der Pädagogik; in der Vorlehre, einer neuen Art des künstlerischen Elementarunterrichts, fand sie ihre Ergänzung.

Nach ersten Jahren des Suchens und Experimentierens wandte sich das Bauhaus formgestalterischen und architektonischen Aufgaben zu, die mit der Industrialisierung und Massenproduktion in Verbindung standen und der Befriedigung sozialer Bedürfnisse der Bevölkerung dienten. Die Bauhauskünstler richteten ihr schöpferisches Bemühen darauf, Gegenstände zu gestalten, die vollendet ihrem Zweck entsprachen, haltbar, billig und schön waren. Das Bauen wurde als Gestaltung von Lebensvorgängen aufgefaßt.

Die politisch rechts stehenden Parteien bekämpften das Bauhaus heftig und vertrieben es 1925 aus Weimar; es erlag schließlich der faschistischen Reaktion 1932 in Dessau und 1933 in Berlin.

Blick vom Marktplatz in die Frauentorstraße

Landesmuseum 1870. Das Großherzogliche Museum, vom Prager Architekten Joseph Zitek (1830–1909) im italienischen Renaissancestil als erster musealer Zweckbau Thüringens errichtet, wurde 1869 eingeweiht und diente vorrangig der Präsentation der Werke des Malers Friedrich Preller (1804–1878) ▷

Karl-August-Platz mit Vimaria-Brunnen um 1900. Der vom Bildhauer Robert Härtel (1831–1894) geschaffene Karl-Alexander-Sophien-Brunnen, später »Vimaria-Brunnen« genannt, stand in einer parkähnlich gestalteten Anlage des Asbachtales, die 1937 dem NSDAP-Gauforum weichen mußte ▷

Markt-Südseite vor 1900. Links das seit 1696 als Gasthaus bezeugte Hotel zum Elephanten, Mitte das seit 1540 bezeugte Gasthaus Zum schwarzen Bären

Alter Hauptbahnhof vor 1910. Ab 1907 erfolgte der Umbau der gesamten Eisenbahnanlage. Das Empfangsgebäude wurde 1915 eröffnet. Die Bauarbeiten wurden durch den Ersten Weltkrieg unterbrochen und erst 1922 zum Abschluß gebracht

»Eiserne Brücke«. Die Stahlbetonkonstruktion wurde 1918–1920 an der Bahnlinie nach Erfurt errichtet

Ilmviadukt im Bau. Die Bahnlinie zwischen Weimar und Gera, die von einer Aktiengesellschaft betrieben wurde und am Webicht über die Ilm führt, wurde 1876 eröffnet

Ilmviadukt der Weimar-Geraer-Eisenbahn um 1900

Liszthaus um 1900. 1799 als Hofgärtnerei erbaut, wurde das Gebäude u. a. von Friedrich Preller (1804–1878) als Atelier benutzt, bevor der Tonschöpfer Franz Liszt (1811–1886) es von 1869 bis zu seinem Tode bewohnte

Ein Sonntagskonzert im Hause von Franz Liszt 1882. Umgeben von Hofbeamten und Schülern Listzts, in der Bildmitte Großherzogin Sophie (1824–1897) und Großherzog Carl Alexander (1818–1901) von Sachsen-Weimar-Eisenach. Historiengemälde von Hans W. Schmidt

Künstlerhaus am Zeughof um 1920. Der Künstlerverein erhielt das ehemals als Hofsattlerei und Hofschmiede dienende Gebäude zur Nutzung und gab ihm 1888 den Namen »Künstlerhaus«

Carl Alexander (1818–1901), Großherzog von Sachsen-Weimar-Eisenach 1853–1901, und Sophie, geborene Prinzessin der Niederlande (1824–1897), Großherzogin von Sachsen-Weimar-Eisenach

Kriegerdenkmal für die Gefallenen im deutsch-französischen Krieg 1870/71, Oberweimar auf dem Plan

Kriegerdenkmal auf dem Watzdorfplatz (heute Buchenwaldplatz). Für die Opfer des Thüringischen Infanterie-Regiments Nr. 94 im deutsch-französischen Krieg 1870/71 schuf der Bildhauer Robert Härtel (1831–1894) das 1878 eingeweihte Denkmal

Sophienstift am Sophienstiftsplatz um 1900. Bauinspektor Karl Vent (1842–1887) errichtete das 1878 eingeweihte Haus für die höhere Mädchenschule, die bereits 1854 im Froriepschen Haus als Sophienstift eröffnet worden war

Pflasterung der Geleitstraße 1880 mit Blick auf die Wielandstraße

Alexanderplatz (heute Beethovenplatz) um 1900 mit dem Großherzoglichen Geheimen Haupt- und Staatsarchiv, dem Dingelstedthaus und der Weimarischen Bank (von links). Der nach dem Vorbild der Bibliothek San Marco in Venedig von Ferdinand Streichhan (1814–1884) entworfene und von dem Architekten Reinhold Röhr (1845–1926) erbaute erste thüringische Archivzweckbau wurde 1885 eingeweiht. Der Generalintendant des Hoftheaters und der Hofkapelle Franz von Dingelstedt (1804–1867) bewohnte 1857–1867 das Haus am Alexanderplatz. 1856 bezog die Weimarische Bank das im Stil italienischer Renaissance errichtete Gebäude

Kaiserliches Postamt am Karlsplatz (heute Goetheplatz) um 1900. Das neue Telegraphen- und Postgebäude wurde am 1. Oktober 1888 in Nutzung genommen, nachdem das Postlokal bereits 1857 aus dem Gasthof Alexanderhof an diesen Standort verlegt worden war. 1916 erhielt das Hauptgebäude einen Anbau in der Schwanseestraße

Enthüllung des Hummeldenkmals am Sophienstiftsplatz 1895. Das Geschenk der Stadt Preßburg, der Geburtsstadt Johann Nepomuk Hummels (1778–1837), der als Klaviervirtuose und Hofkapellmeister 1819–1837 in Weimar lebte, wurde von dem Bildhauer Franz Pönninger (1832-1906) geschaffen und am 15. August 1895 enthüllt ▷

Schillerstraße vom Westen im Festschmuck zur Goldenen Hochzeit des Großherzoglichen Paares Carl Alexander und Sophie am 8. Oktober 1892 ▷

Sophienhaus um 1900. Oberbaudirektor Julius Bormann (1830–1892) errichtete das Haus, dem die Großherzogin ihren Namen gab. Es wurde 1886 als Pflegerinnenanstalt eingeweiht. Das angegliederte Krankenhaus verfügte über 60 Betten, deren Zahl sich durch Anbauten 1904 und 1937 auf 195 erhöhte

J.N.HUMMEL.

Anbringen der elektrischen Oberleitung für die Straßenbahn auf dem Wielandplatz 1899. Am 3. Juni 1899 nahm mit einer vom Bahnhof über den Wielandplatz zur Falkenburg führenden roten Linie und mit einer vom Karlsplatz über Graben und Markt zum Wielandplatz grünen Stadtlinie führenden die elektrische Straßenbahn ihre erste Fahrt auf. Infolge der Inflation wurde 1923 der Betrieb der Straßenbahn eingestellt und 1926 mit teilweise neuen Triebwagen wieder aufgenommen

Haltestelle der Straßenbahn

Straßenbahndepot am Kirschberg. Im Hintergrund das Goethe-Schiller-Archiv, das von dem Architekten Otto Minkert (1845–1900) errichtet und 1896 seiner Bestimmung übergeben wurde

Straßenbahn am Untergraben. Im Hintergrund das Goethe-Schiller-Archiv

Hotel Russischer Hof am Karlsplatz (heute Goetheplatz) 1905. Das von Anton Georg Hauptmann (1735–1803) errichtete Haus wurde 1804 zu Ehren von Zar Alexander I. von Rußland (1777–1825) als »Alexanderhof« eröffnet. Von 1816–1834 und 1846–1857 auch als Poststation genutzt, wurde das Gasthaus 1849 »Russischer Hof«, 1914 »Fürstenhof« und nach 1945 wiederum »Russischer Hof« genannt. Berühmte Gäste waren Musiker und Literaten wie Franz Liszt (1811–1886), Hector Berlioz (1803–1869), Richard Wagner (1813–1883), Heinrich Hoffmann von Fallersleben (1798—1874), Friedrich Hebbel (1813–1863), Iwan Turgenjew (1818–1883) u. a.

Straßenbahn an der Endhaltestelle am Bahnhof 1930. Am 30. Juni 1937 wurden der Straßenbahnbetrieb eingestellt und zehn Triebwagen sowie Schienen und Ausrüstungen im September 1937 nach Jena verkauft

»Kannrückchen« am Graben um 1900. Die Straße entstand an der Stelle eines Wassergrabens vor der früheren Stadtbefestigung

Ernst von Wildenbruch und Frau 1907. Der Dichter (1845–1909) wurde 1900 in Weimar ansässig. Er bewohnte ab 1906 die von dem Architekten Paul Schultze-Naumburg (1869–1949) erbaute Villa »Ithaka« am Horn und wurde auf dem hiesigen Friedhof bestattet

Vulpiushäuser am Frauenplan 1907. Die Ende des 18. Jahrhunderts errichteten und von Goethe bzw. seinen Enkeln erworbenen Gebäude wurden bis 1913 von den Nachkommen von Christiane Vulpius (1765–1816) bewohnt

Blick vom Karlsplatz (heute Goetheplatz) in die Innere Erfurter Straße (heute Heinrich-Heine-Straße) um 1900. Im Gebäude rechts wurde am 6. Juli 1801 die Apotheke »Zum Löwen« eröffnet

Innere Erfurter Straße (heute Heinrich-Heine-Straße) mit Blick zum Karlsplatz um 1900

Kaiserin-Augusta-Straße (heute Steubenstraße) um 1900. Im Eckhaus Prellerstraße 2 wohnte Rudolf Steiner (1861–1925), der Begründer der Anthroposophie, von 1890–1897, als er im Goethe-Schiller-Archiv als Mitherausgeber Goethes naturwissenschaftlicher Schriften tätig war. 1909 wurde in dem Haus die Weinstube »Alt-Weimar« eingerichtet

Donndorfbrunnen in der Rittergasse. Der Ehrenbürger Weimars, Adolf von Donndorf (1835–1916), ein Schüler des Bildhauers Ernst Rietschel (1804–1861), stiftete seiner Vaterstadt den Brunnen, der am 20. Oktober 1897 enthüllt wurde

Blick vom Wielandplatz in die Marienstraße vor 1900. Das Haus Marienstraße 1 wurde 1843–1844 von Clemens Wenzeslaus Coudray (1775–1845) erbaut. Der 1882 nach Weimar gezogene Photograph Louis Held (1851–1927) richtete 1886 hier sein Atelier ein, wo er ab 1890 bis dahin unbekannte Momentaufnahmen fertigte und damit Schöpfer des Bildberichts wurde. 1912 eröffnete er hier die Reformlichtspiele

Louis Held bei der Arbeit um 1900

Wieland-Denkmal um 1900. Der Schriftsteller Christoph Martin Wieland (1733–1813) kam 1772 als Prinzenerzieher an den herzoglichen Hof und wohnte in der Marienstraße. Der Platz erhielt 1863 seinen Namen. Das von dem Bildhauer Hanns Gasser (1803–1868) geschaffene Denkmal wurde 1857 enthüllt

Blick vom Goethe-Schiller-Archiv nach Westen um 1900. In der Gerbergasse (vorn) befand sich der alte Schlachthof, und die Turnerfeuerwehr richtete hier 1873 Geräteschuppen und Steigerhaus ein, die bis zur Inbetriebnahme eines neuen Feuerwehrdepots 1926 in der Erfurter Straße genutzt wurden. Links das mächtige Gebäude des 1878 unter Ferdinand Streichhan (1814–1884) fertiggestellten großherzoglichen Marstalls

Wochenmarkt auf dem Marktplatz vor 1900. Bereits 1456 wurden auf verschiedenen Plätzen der Stadt Jahr-, Woll- und Viehmärkte abgehalten. Seit 1830 fand der Wochenmarkt zweimal wöchentlich statt; er galt als einer der schönsten in Thüringen

◁ *Grüner Markt mit Residenz-Café um 1900. 1839 eröffnete Konditormeister August Ißleib das Café in dem 1834 erbauten Haus*

◁ *Zwiebelmarkt in der Schillerstraße um 1890. Bereits am 4. Oktober 1653 ist ein »Zippel- und Viehemarckt« urkundlich erwähnt. Der Zwiebelmarkt, dessen Kennzeichen der Zwiebelzopf ist, wurde in der Goethezeit auf dem Frauenplan abgehalten*

enhandlung 7
le.

Blick in die Geleitstraße nach Osten. Die Straße erhielt ihren Namen vom Geleithaus, einem 1574 als Wohn- und Lagerhaus für einen Waidhändler errichteten Gebäude, das von 1764–1817 dem Geleitwesen diente

◁ *Topfmarkt am Graben 1927. Rechts der Löwen- oder Herrenbrunnen, der nach der Niederlegung des Jakobstores nach 1800 entstand*

Gartenlokal Haus Chemnitius in der Geleitstraße um 1920. Das mit einem Café und großem Gartenlokal verbundene Hotel wurde am 2. März 1880 von der aus Buttelstedt stammenden Familie Chemnitius eröffnet

◁ *Geleitstraße nach Westen im Festschmuck 1903 zum Einzug der Großherzogin Caroline von Sachsen-Weimar-Eisenach (1884–1905)*

Richard Strauss (1864–1949). 1889 wurde der Komponist als zweiter Hofkapellmeister nach Weimar verpflichtet. 1884 verließ er die Stadt, die ihm 1925 das Ehrenbürgerrecht verlieh, rechts

Hofkapellmeister Eduard Lassen (1830–1904). Seit 1858 Musikdirektor in Weimar, wurde er 1868 Hofkapellmeister und 1895 Generalmusikdirektor, links

Beratungszimmer im Nietzsche-Archiv 1903. In dem von dem Architekten Henry van de Velde (1863–1957) umgebauten Archiv wurden am 15. Oktober 1903 die neugestalteten Bibliotheksräume eingeweiht. Der Philosoph Friedrich Nietzsche (1844–1900) lebte seit 1897 in Weimar bei seiner Schwester und späteren Nachlaßverwalterin Elisabeth Förster-Nietzsche (1846–1935)

Shakespeare-Denkmal im Park an der Ilm 1904. Das von dem Bildhauer Otto Lessing (1846–1912) aus Carraramarmor geschaffene Denkmal, das erste des englischen Dramatikers in Deutschland, wurde am 23. April 1904 enthüllt. Die Werke Shakespeares (1564–1616) wurden am Hoftheater aufgeführt. 1864 wurde in Weimar die Deutsche Shakespeare-Gesellschaft gegründet

Bismarck-Denkmal auf dem Ettersberg. Ernst Kriesche (1849–1935) schuf den dem Begründer des deutschen Reiches, Reichskanzler Otto Fürst von Bismarck (1815–1898), gewidmeten Turm, der am 27. Oktober 1901 eingeweiht wurde

Blumenkorso Wielandstraße/Theaterplatz 1905

◁ *Wilhelm Ernst (1878–1923), Großherzog von Sachsen-Weimar-Eisenach 1901–1918, und Großherzogin Caroline (1884–1905), geborene Prinzessin Reuß ä. Linie*

Kunstmaler Hans W. Schmidt (1859–1950). Als Schüler des Malers Theodor Hagen (1842–1919) machte sich Schmidt als Historienmaler einen Namen; er verewigte bedeutende Ereignisse der Stadtgeschichte auf Gemälden, die für die Ausschmückung der Weimarhalle bestimmt waren

◁ *Trauerzug für die verstorbene Großherzogin 1905 von der Jakobskirche über den Rollplatz*

Bornberg 1907. Die Gasse erhielt ihren Namen von der seit 1378 am Lottenbach betriebenen Bornmühle, die 1829 ihren Betrieb eingestellt hat

Windischenstraße 1907. Im Hause Nr. 8 befand sich die erste Wohnung Friedrich Schillers (1759–1805). Im Dezember 1799 von Jena nach Weimar übergesiedelt, wohnte er hier bis April 1802 und vollendete die Dramen »Maria Stuart« und »Die Jungfrau von Orleans«, oben links

Häuser in der Schloßgasse 1907. Im Hause Nr. 6 wohnte der Dramatiker August von Kotzebue (1761–1819), der als Verfasser von über 200 Stücken der erfolgreichste Bühnenautor seiner Zeit war

Sternbrücke nach 1900. Zur Zeit ihrer Entstehung, 1651 von Johann Moritz Richter (1620–1667) erbaut, bildete sie den östlichen Zugang zum Schloß und war mit einer hölzernen Zugbrücke versehen. Ihren Namen erhielt sie nach dem nahegelegenen sternförmig angelegten Lustgarten

Teichplatz mit Delphinbrunnen 1907. Der Name erinnert an einen im Mittelalter hier vorhandenen Teich, der im Rahmen der Stadterweiterung zugeschüttet wurde. Der Brunnen wurde 1847 von Steinmetzmeister Carl Dornberger neugestaltet und 1920 die Brunnensäule, deren Sockel mit vier Delphinen geschmückt ist, mit einer Knabenfigur bekrönt

Abbruch des Hoftheaters 1907. In dem 1825 von Karl Friedrich Steiner (1774–1840) an der Stelle des abgebrannten Redouten- und Komödienhauses errichteten Hoftheater fanden bedeutsame Uraufführungen statt. Der unter der Leitung der Architekten Max Littmann (1862–1931) und Jakob Heilmann (1846–1927) errichtete wesentlich größere Neubau wurde am 11. Januar 1908 eingeweiht

Carl-Alexander-Denkmal auf dem Karlsplatz 1907. Das von Adolf Brütt (1855–1939) geschaffene Reiterstandbild des Großherzogs wurde am 24. Juni 1907 an der Stelle eines Springbrunnens enthüllt. Rechts das 1859–1860 von Ferdinand Streichhan (1814–1884) ausgeführte Vereinsgebäude der Erholungsgesellschaft, das nach deren Auflösung 1905 als Gaststätte genutzt wurde; links der Kasseturm

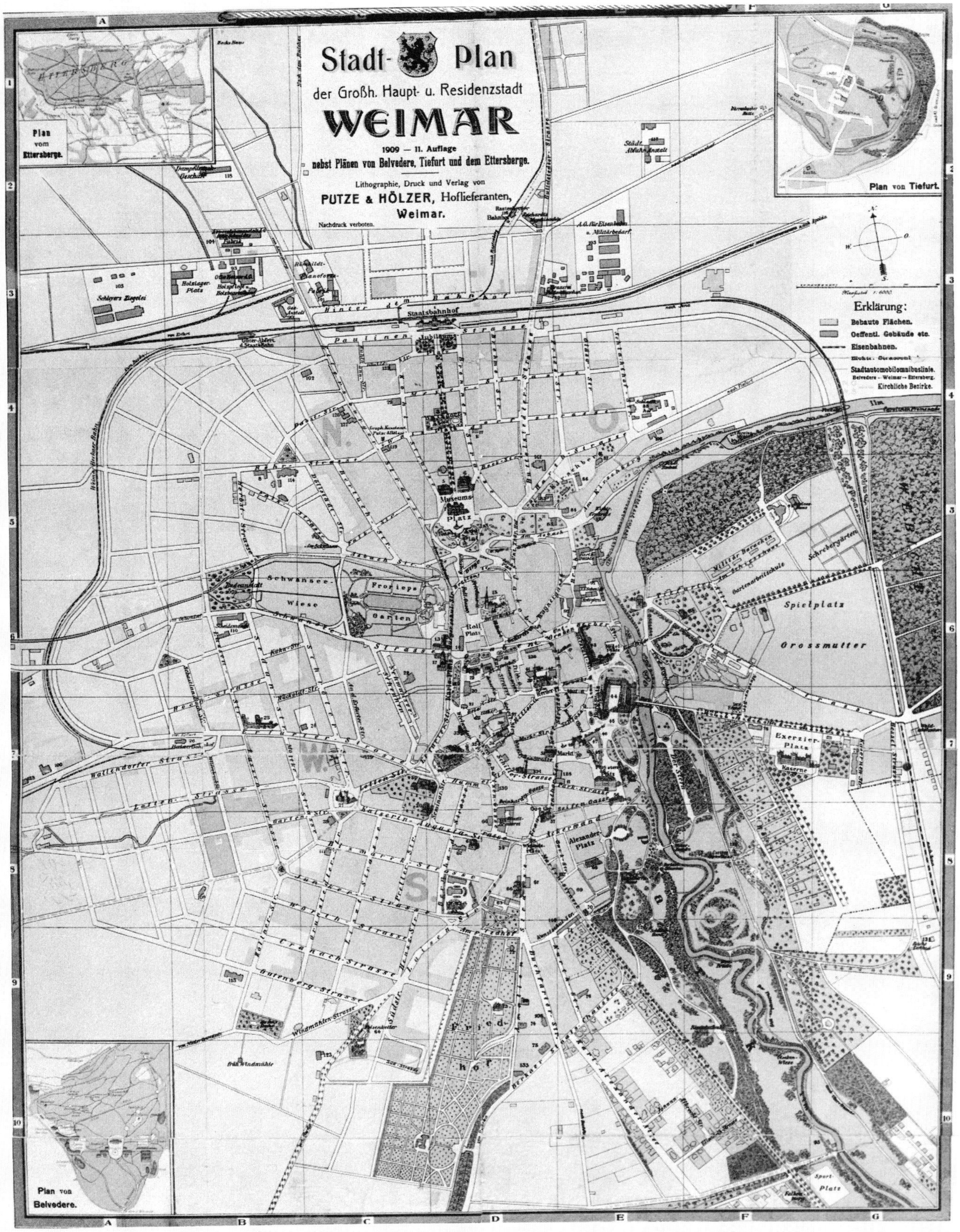

Stadtplan der Großherzoglichen Haupt- und Residenzstadt Weimar aus dem Jahre 1909

Großherzogliches Museum für Kunst- und Kunstgewerbe um 1909. Das Museum ging 1902 aus der 1880 begründeten Permanenten Kunstausstellung Weimarer Künstler hervor. In die Hausfassade wurden 1888 gotische Fensterbögen aus Venedig eingebaut

Weimarer Künstler im Museum für Kunst- und Kunstgewerbe um 1905. Stehend von links: Schrifsteller Harry Graf Keßler (1868–1937), Bildhauer Max Klinger (1857–1920), Architekt Henry van de Velde (1863–1957), Kunstmaler Hans Olde (1855–1917); sitzend von links die Kunstmaler Ludwig von Hofmann (1861–1945) und Theodor Hagen (1842–1919)

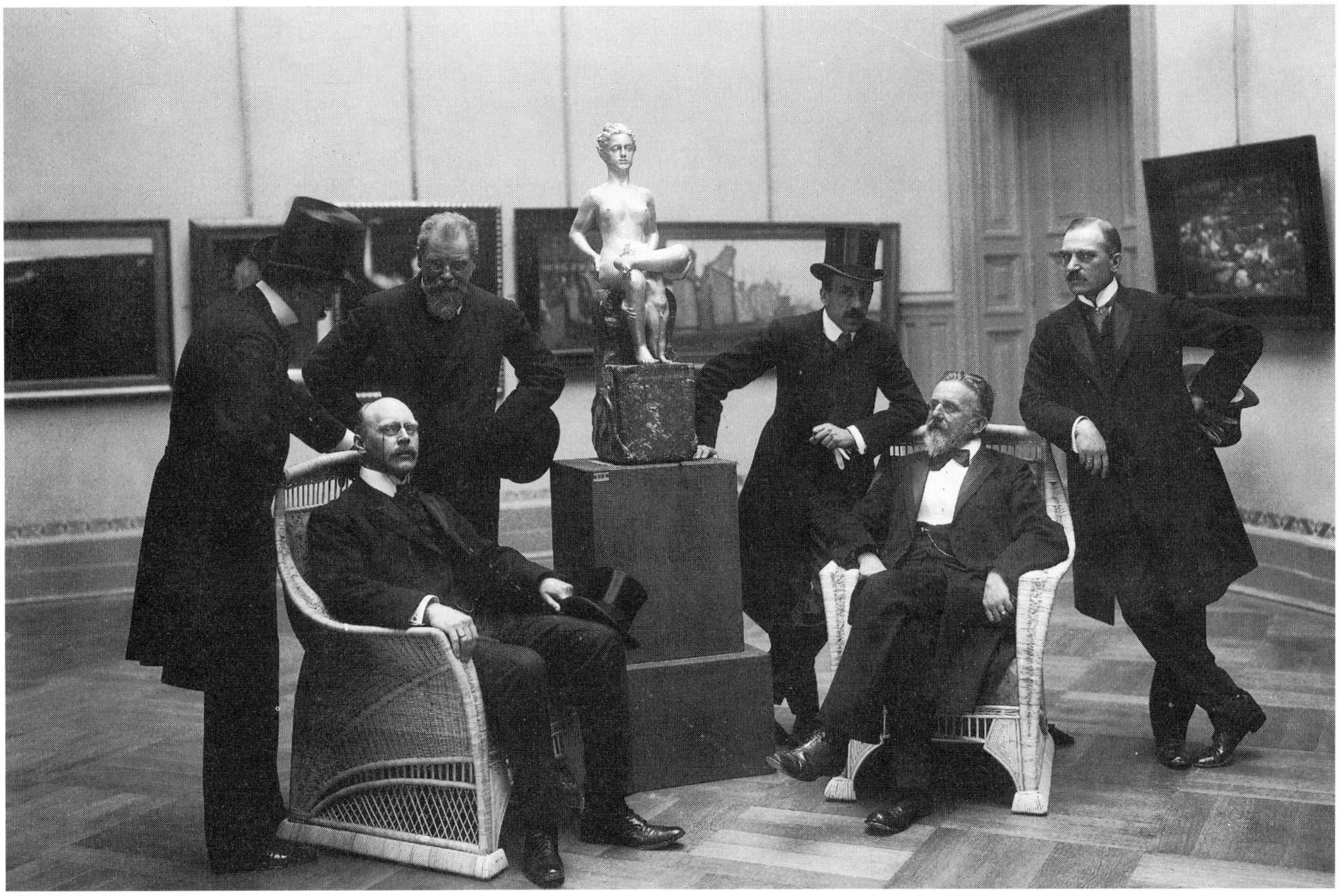

Walter Gropius (1883–1969). Der Begründer und erste Direktor des 1919–1925 in Weimar arbeitenden Staatlichen Bauhauses berief Künstler von Weltgeltung als Meister an das Bauhaus

Kunsthochschule. Das bedeutendste Bauwerk Henry van de Veldes in Weimar wurde 1911 fertiggestellt. Auch das gegenüberliegende Hausensemble wurde 1903–1906 nach seinen Plänen errichtet. 1901 als Berater für Industrie und Kunstgewerbe nach Weimar berufen, lebte van de Velde hier bis 1915. Das Denkmal die »Liegende« an der Nordseite des Gebäudes schuf Richard Engelmann (1868–1966)

Bühne im großen Saal des Volkshauses 1911. Das 1907–1908 von dem Architekten Bruno Röhr (1875–1926) gebaute Volkshaus wurde von den Weimarer Arbeitern als deren politisches und ideologisches Zentrum selbst finanziert

Kaufstraße nach 1910. Rechts die Eisenwarenhandlung von Wilhelm Lösch, die 1899 in der Geleitstraße gegründet und 1910 in das Eckhaus Kaufstraße/Marktstraße verlegt wurde. Das als Filiale von Hermann Tietz (1837–1907) aus Gera gegründete Geschäft wurde 1930 zu einem großen Kaufhaus erweitert

Geschäftshaus Frauentorstraße/Ecke Parkstraße (heute Puschkinstraße) um 1910. Das auf einem 1886 zugeschütteten Graben entstandene Gebäude enthielt repräsentative Geschäftsräume und ein Kaisers-Kaffee-Geschäft. Die benachbarte Norddeutsche Bodenkreditbank entstand an der Stelle der 1903 abgerissenen Häuser

Weinstube »Fürstenkeller« am Fürstenplatz (heute Platz der Demokratie) um 1910. Im 1636 errichteten Gebäude, an dessen Stelle sich ehemals eine Apotheke befand, eröffnete Gustav Hassenpflug 1901 eine Weinstube

Blick in die Luthergasse mit Lutherhof 1907. Dieses wegen des wiederholten Aufenthalts des Reformators Martin Luther (1483–1546) so benannte Haus wurde 1821 von dem Pädagogen Johann Daniel Falk (1768–1826), der mit Karl Friedrich Horn (1772–1852) die »Gesellschaft der Freunde in der Not« für Kriegswaisen und verwahrloste Kinder gegründet hatte, mit seinen Zöglingen bezogen. In der Luthergasse steht das Geburtshaus von Christiane Vulpius (1765–1816), oben rechts

Haus Jakobstraße/Ecke Luthergasse. Das Gebäude war 1904 in dieser Form für die Speditionsfirma Staupendahl umgebaut worden

Der Zeppelin-Luftkreuzer »Schwaben« überflog am 8. September 1911 die Stadt

Schaufliegen auf dem Flugplatz am Webicht 1911. Auf Betreiben des Sächsisch-Thüringischen Luftschiffvereins, aus dem 1909 der Weimarer Verein für Luftverkehr hervorging, wurde 1910 der Flugplatz mit drei Flughallen, einem Verwaltungsgebäude und einem Flughafenhotel an der Straße nach Jena eingerichtet. 1933 wurde der Flugplatz nicht mehr von planmäßigen Flugverkehrslinien angeflogen und diente der Ingenieurschule Weimar bis 1936 als Ausbildungsstätte

Feldgottesdienst im Schloßhof beim Auszug des Thüringischen Infanterie-Regiments Nr. 94 am 7. August 1914

Hauptwache am Gelben Schloß um 1910. Die 1834–1838 von Clemens Wenzeslaus Coudray (1775–1845) erbaute Neue Wache beherbergte bis 1918 die Wachmannschaften für das großherzogliche Schloß

Ilmbad 1912. Auf einer Insel gegenüber der Carlsmühle wurde im August 1912 die unter Leitung von Stadtbaumeister August Lehrmann (1878–1945) neu errichtete Flußbadeanstalt eingeweiht

Aktenmännchenbrunnen im Hof des Gelben Schlosses. Der Bildhauer Gottlieb Elster (1867–1917) schuf die Brunnenfigur, die einen auf den damaligen Sitz des Ministerialdepartements der Finanzen hinweisenden Bürodiener darstellt, der Akten und ein Geldsäckchen schleppt. 1912 wurde der Brunnen eingeweiht ▷

Scherffs Lichtspielhaus in der Marktstraße 1915. Theodor Scherff (geb. 1857), ein Pionier des deutschen Lichtspielwesens, führte bereits 1906 in Weimar ein Kino. 1915 eröffnete er das Lichtspielhaus in der Marktstraße neben den seit 1912 bestehenden Reformlichtspielen in der Marienstraße ▷

Pianofortefabrik Römhild hinter dem Bahnhof 1913. Die sich 1839 ansiedelnde Familie Römhild gründete zunächst einen Handwerksbetrieb in der Windischengasse, erweiterte ihn 1876 in der Geleitstraße und siedelte 1899 in das neuentstandene Industriegelände hinter dem Bahnhof über. 1906 lieferte die bis 1930 bestehende Fabrik das 10 000. Instrument aus

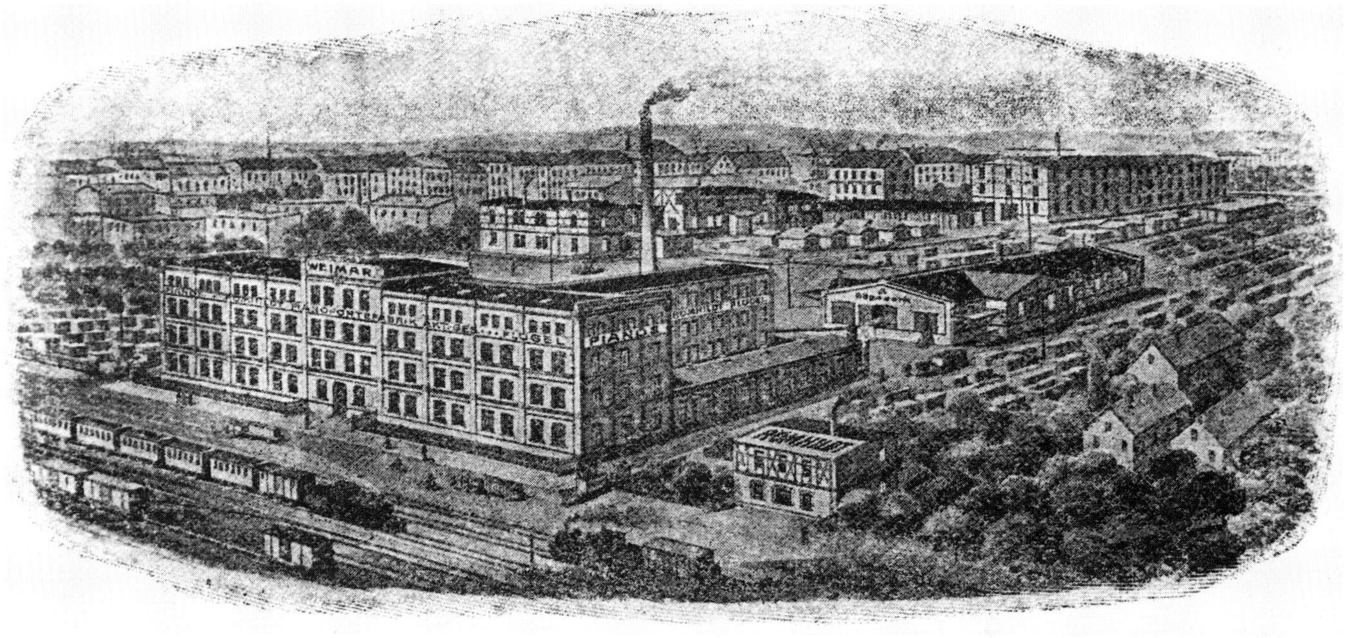

BEN HUR TONFASSUNG BEN HUR
Schertls - Lichtspielhaus
BEN HUR

Marathonkämpfer am Poseckschen Garten 1915. Das von dem Bildhauer Richard Engelmann (1867–1966), der von 1913–1935 als Leiter der Bildhauerabteilung der Hochschule für Bildende Kunst tätig war, geschaffene erste Wildenbruch-Denkmal in Deutschland wurde am 5. April 1915 zum Gedenken an den 1909 in Weimar beigesetzten Dichter enthüllt. Der Sockel trägt die Inschrift: »Ich kämpfe nicht um anzugreifen, sondern um zu verteidigen«

Weimars Neuzeit

Zu Beginn des 20. Jahrhunderts zentralisierte sich auch in Weimar mit seinen 28 489 Einwohnern im begrenzten Umfang das Kapital. Die soziale Struktur der Bevölkerung blieb aber weiterhin vom Kleinbürgertum geprägt; der Anteil der Arbeiter ging von 37 Prozent im Jahre 1864 auf 32 Prozent im Jahre 1907 zurück. Dennoch konnten die Arbeiter ab 1909 Vertreter in den Stadtrat und ab 1912 in den Deutschen Reichstag entsenden. Eine bedeutende Leistung der Werktätigen war der Bau des am 26. April 1908 durch den SPD-Politiker August Baudert eingeweihten Volkshauses aus eigenen Mitteln als Zentrum ihrer politischen und kulturellen Betätigung. Hier sprachen führende Vertreter der deutschen Linken wie Clara Zetkin und Karl Liebknecht 1911 sowie Rosa Luxemburg und Rudolf Breitscheid 1912. Neben Wohnhäusern im Jugendstil entstanden in der von 1875 bis 1910 von Oberbürgermeister Karl Pabst regierten Stadt auch Geschäftshäuser und Banken, wurde nach Plänen van de Veldes die Kunsthochschule fertiggestellt, 1906 eine neue Friedhofskapelle mit einem Verbindungsbau im romanischen Rundbogenstil zur Leichenhalle geschaffen, 1907 das Donndorfmuseum in der Amalienstraße eröffnet und im selben Jahr Am Horn 25 die Villa »Ithaka« von Ernst von Wildenbruch bezogen. Stadtbaumeister August Lehrmann zeichnete für viele private und gesellschaftliche Gebäude verantwortlich.

Friedrich Ebert (1871–1925). Am 21. August 1919 wurde er durch die Delegierten der Deutschen Nationalversammlung in Weimar als erster Reichspräsident der Weimarer Republik vereidigt

Militärische Absicherung des Tagungsortes der Deutschen Nationalversammlung 1919. Vom 6. Februar bis zur Annahme der ersten demokratischen Verfassung Deutschlands am 31. Juli 1919 tagte die Deutsche Nationalversammlung als verfassunggebendes Parlament im Deutschen Nationaltheater. Ein Sonderpost- und Fernsprechamt, ein Telegraphenamt im Sophienstift sowie ein Flugkurierdienst, der auch die Personenbeförderung nach Berlin übernahm, wurden für die Delegierten zusätzlich eingerichtet

Am 11. Januar 1908 wurde das nach dem Brand vom 20. Dezember 1906 nach Plänen der Architekten Max Littmann und Jakob Heilmann wiedererrichtete Hoftheater feierlich eröffnet und mit der Anwesenheit Kaiser Wilhelms II. zum gesellschaftlichen Ereignis in der Stadt. Mit der Gründung der Kunstgewerbeschule am 1. April 1908 wurde Weimar zum Zentrum einer Kunsterneuerungsbewegung. Mit Kunstveranstaltungen und Verschönerungen des Stadtbildes, beispielsweise durch Denkmäler, Brunnen und Grünanlagen, wurde Weimar für Einheimische und Fremde begehrenswerter Aufenthaltsort, bevor das Jahr 1914 eine Wende herbeiführte.

Der Erste Weltkrieg wirkte sich in Weimar wie im gesamten Land verheerend aus und brachte der Bevölkerung von Anbeginn große Versorgungsschwierigkeiten. Längst waren die Lebensmittel rationiert: pro Einwohner 40 Gramm Fett und 200 Gramm Fleisch wöchentlich, 19 Eier und 250 Gramm Fisch jährlich. 1915 wurden Brotmarken ausgegeben, 1916 der Wochenmarkt eingeschränkt, 1917 für Kriegszwecke vier Glocken der Stadtkirche zerschlagen. An den Fronten des Krieges verloren 1341 Bürger ihr Leben. Im Jahr 1914 waren 5783 Einwohner ohne Arbeit. Diese Zahl verringerte sich nur in dem Maße, wie die Wehrfähigen zu den Waffen gerufen wurden. Hungernde Menschen schlossen sich der Massenbewegung gegen den Völkermord an, die nun auch die Residenz erfaßte: Am 8. November 1918 formierten sich 1500 Soldaten der Garnison zu einem Demonstrationszug, der in Begleitung zahlreicher Einwohner zur Hauptwache gegenüber dem Schloß marschierte. Noch in der Nacht besetzte der Soldatenrat die wichtigsten Einrichtungen der Stadt. Am 9. November mußte Großherzog Wilhelm Ernst seine Abdankungsurkunde unterschreiben: »... daß ich für mich und meine Familie für alle Zeit auf den Tron und die Tronfolge im Großherzogtum Sachsen-Weimar-Eisenach verzichte.« Der Sturz der Monarchie, die Aufhebung der Gesindeordnung, die Durchsetzung des Achtstundentages und die Einführung gleichen Wahlrechts für Männer und Frauen waren die wichtigsten der auch in Weimar erkämpften Errungenschaften der Novemberrevolution.

Am 6. Februar 1919 trat in dem am 19. Januar zum Deutschen Nationaltheater erhobenen ehemaligen Hoftheater die Nationalversammlung zusammen. Aus Furcht vor neuen Massenaktionen hatten sich die Abgeordneten aus der Reichshauptstadt Berlin in die Abgeschiedenheit der einstigen großherzoglichen Residenz als den »Hort beamtischer Treue« zurückgezogen. Zudem sollten die Traditionen dieser Stadt, die von Schutztruppen hermetisch abgeriegelt war, der humanistischen Verbrämung der neuen bürgerlich-parlamentarischen Republik und ihrer Verfassung dienen. Für die Weimarer Bevölkerung bot das mit Spannung erwartete Ereignis enttäuschend wenig an äußerem Schauspiel; denn die verfassunggebende Deutsche Nationalversammlung tagte hinter verschlossenen Türen. So mußten sich die Bürger mit den offiziellen Verlautbarungen bescheiden, die am 11. Februar von der Wahl Friedrich Eberts zum Reichspräsidenten und knapp zwei Wochen später

Deutsches Nationaltheater, Luftbild. Am 19. Januar 1919 war das Landestheater zum »Deutschen Nationaltheater« ernannt worden

Deutsches Nationaltheater

Nationalfestspiele für die deutsche Jugend

veranstaltet vom

Deutschen Schillerbund

11., 17., 24., 30. Juli 1921

II

Kabale und Liebe

Ein bürgerliches Trauerspiel in fünf Akten von Schiller

Einrichtung und Spielleitung: Ernst Hardt

Präsident von Walter	Max Brock
Ferdinand, sein Sohn, Major	Rudolf Rieth
Hofmarschall von Kalb	Wilhelm Holtz
Lady Milford	Erika Kristen
Wurm, Sekretär des Präsidenten	Richard Salzmann
Miller, Stadtmusikus	Carl Schreiner
Dessen Frau	Martha Kaibel-Schiffel
Louise, dessen Tochter	Kaete Radel
Sophie, Gesellschafterin der Lady	Marlies Homann
Ein Kammerdiener des Fürsten	Hans Antony
Kammerdiener der Lady	Josef Salten
Kammerdiener des Präsidenten	August Rehkopf
Dienerschaft der Lady und des Präsidenten Gerichtsdiener	

Schauplatz: Eine deutsche Residenz — Zeit: 1776

Nach dem 3. Akt 10 Minuten Pause

Einlaß 6½ Uhr – Anfang 7 Uhr – Ende 10¼ Uhr

Während des Spiels bleiben die Türen geschlossen

Weimar — G. Uschmann

vom Beginn der Beratung über die neue Verfassung berichteten.
Monatelang zogen sich die parlamentarischen Diskussionen über das Gesetzeswerk hin, das mit seinen 181 Artikeln das im Verlauf der Novemberrevolution veränderte gesellschaftliche Kräfteverhältnis widerspiegelte. Dem Volk mußten demokratische Rechte zugesichert werden. So wurden hier in Weimar erstmalig in der deutschen Geschichte die Freiheit der Person und der Meinungsäußerung, Versammlungs- und Koalitionsfreiheit, das Postgeheimnis und die Unverletzlichkeit der Wohnung deklariert. Außerdem fixierte die Verfassung das allgemeine, gleiche, unmittelbare und geheime Wahlrecht, die Gleichheit aller vor dem Gesetz sowie die Emanzipation der Frau. Relativiert wurden diese Errungenschaften jedoch vor allem durch den Artikel 48, mit dem der Reichspräsident beim Eintreten »innerer Unru-

hen« die verfassungsmäßigen Grundrechte aufheben und mit Waffengewalt zur »Wiederherstellung der öffentlichen Ruhe und Ordnung« einschreiten konnte.
In der Zeit, da sich die bürgerliche Republik konstituierte, der Weimar den Namen gab, schirmten Freikorpsverbände und Sicherheitspolizei militärisch in einem Umkreis von etwa sieben Kilometern das Hinterland ab. In der Stadt selbst hatte das von General Georg Maercker geführte Landesjägerkorps die öffentlichen Gebäude um das Deutsche Nationaltheater besetzt, Maschinengewehre und in der Schützengasse sogar Artillerie in Stellung gebracht. Weniger für die Einwohner, sondern vielmehr für die Delegierten und Abgeordneten wurde am 8. Februar 1919 die erste zivile Luftverkehrslinie Deutschlands zwischen Weimar und Berlin auf dem am 8. Juni 1911 am Webicht eröffneten Flugplatz aufgenommen. Teuerungen und Entlassungen der Beschäftigten führten wiederholt zu Streiks und Unruhen, die Ausdruck der sozialen Lage des Jahres 1919 waren.
Am 13. März 1920 nahm in Berlin der Kapp-Lüttwitz-Putsch seinen Anfang – ein Versuch der Reaktion, die Ergebnisse der Novemberrevolution zu beseitigen und eine Militärdiktatur zu errichten. Während dort die Reichsregierung floh, wurde in Weimar am 14. März die verfassungsmäßige Staatsregierung abgesetzt. Als Antwort traten die Werktätigen am folgenden Tag in den Generalstreik. Während einer Kundgebung, die am selben Tag vor dem Volkshaus stattfand, schoß die Reichswehr ohne Warnung in die Menge, tötete neun Menschen und verletzte 15 schwer. Seit 1922 erinnert ein von Walter Gropius geschaffenes Denkmal in Form eines Blitzes auf dem Hauptfriedhof an dieses tragische Ereignis.
Auch in Weimar, seit 1. Mai 1920 Landeshauptstadt Thüringens, erreichte die revolutionäre Nachkriegskrise 1923 ihren Höhepunkt. Im Ergebnis der Massenkämpfe der Werktätigen wurde am 16. Oktober eine sozialdemokratisch-kommunistische Landesregierung gebildet, die ihren Sitz im Fürstenhaus hatte; in ihr waren August Frölich als Ministerpräsident und Dr. Theodor Neubauer als Staatsrat tätig. Doch sehr schnell wurde ihr mit dem Einmarsch der Reichswehr in Thüringen und der Besetzung Weimars ein Ende gesetzt: Sie mußte am 7. Dezember ihren Rücktritt erklären.
In der Landeshauptstadt Weimar richteten zahlreiche Parteien und Verbände, wirtschaftliche Vereinigungen und Berufsvertretungen ihre Verwaltungszentralen ein. Die Einwohnerzahl erhöhte sich 1922 auch durch die Eingemeindungen von Oberweimar, Ehringsdorf und Tiefurt beträchtlich und überstieg 1928 erstmalig die 50 000 – nach der Eingemeindung Schöndorfs 1939 betrug sie 59 637. Jeder dritte Werktätige war Beamter oder Angestellter, 1939 fast jeder zweite. Auch der Anteil der Pensionäre und Rentiers wuchs ständig. Hingegen waren nur 28 Prozent der Bevölkerung Arbeiter.
Dennoch wurden während der 1929 beginnenden Weltwirtschaftskrise zahlreiche Streiks und Demonstrationen gegen Betriebsstillegungen, Arbeitslosigkeit, Wohnungsnot und Hunger organisiert. Eine Aktionseinheit linker Parteien und Gewerkschaften kam jedoch nicht zustande, und so konnte der 30. Januar 1933 Wirklichkeit werden, an dem mit der Ernennung Adolf Hitlers zum Reichskanzler die Nacht des Faschismus über Deutschland und in besonderer Weise über Weimar hereinbrach. Hier hatte sich bereits am 23. Januar 1930 eine thüringische Koalitionsregierung faschistischen Charakters mit den Ministern Wilhelm Frick und Willy Marschler gebildet. Am 27. August 1932 wurde die Stadt zum Sitz eines rein nazistischen Landeskabinetts mit dem Gauleiter und nachfolgenden Reichsstatthalter Fritz Sauckel. Bei nur 59,8prozentiger Wahlbeteiligung erhielten die Kandidaten der NSDAP am 4. Dezember 1932 bei der Stadtratswahl von 20 259 abgegebenen Stimmen 7122, das war ein deutlicher Rückgang gegenüber den Reichspräsidentenwahlen am 10. April mit 12 600 Stimmen. Von 1920 bis 1937 lag die Kommunalpolitik in den Händen von Oberbürgermeister Dr. jur. Felix Walther Mueller. Ein kulturell herausragender Höhepunkt in seiner Amtszeit war die Goethe-Gedenkwoche anläßlich des 100. Todestages des Dichters vom 20. bis 28. März 1932. In der aus diesem Anlaß nach einem Entwurf von Max Vogeler errichteten Weimarhalle versammelten sich Politiker und Literaten aus fast ganz Europa. Vor ihnen warnte Thomas Mann in seinem Vortrag vor der drohenden faschistischen Gefahr. Diese wurde Wirklichkeit, als Parteien verboten, Organisationen und Vereine gleichgeschaltet, Bücher am 21. Juni 1933 verbrannt wurden und wiederholte Großkundgebungen und Aufmärsche der NSDAP – oft in Anwesenheit Adolf Hitlers – das einstige Weimar-Flair überlagerten.
Im unmittelbaren Bannkreis des Ortes, da Goethe den edlen Menschen, »hilfreich und gut«, besungen, Herder seine »Briefe zu Beförderung der Humanität« geschrieben und Schiller verkündet hatte: »Alle Menschen werden Brüder!«, wurde 1937 nordwestlich von Weimar auf dem Ettersberg das Konzentrationslager Buchenwald errichtet, eröffnete sich damit ein Abgrund tiefster Barbarei. Fast 250 000 Häftlinge wurden in den folgenden Jahren durch das Lagertor getrieben, das die Inschrift »Jedem das Seine« trug. Ein unvorstellbarer Leidensweg begann für Männer, Frauen und Kinder aus 35 Nationen. Sie wurden geschlagen, gefoltert, zu medizinischen Experimenten mißbraucht, mußten Zwangsarbeit bis zur physischen Vernichtung leisten, litten Hunger und Krankheit. Hier wurde am 18. August 1944 der Kommunist Ernst Thälmann im Hof des Krematoriums erschossen. Zu den Opfern gehörten auch der Sozialdemokrat Rudolf Breitscheid und der Pfarrer der Bekennenden Kirche, Paul Schneider. 8483 sowjetische Kriegsgefangene wurden durch Genickschuß ermordet. Doch selbst in diesem Inferno gelang es den Faschisten nicht, die Würde des Menschen auszulöschen. In der Solidarität und internationalen Verbundenheit der Häftlinge, die alles Leid, aber auch die Gewißheit vom Ende des SS-Terrors miteinander teilten, feierte der Humanismus, wie er einst vom nahegelegenen Weimar ausging, vielfältige Auferstehung. Es gab unzählige Beispiele gegenseitiger Hilfeleistung, die von einfachen Handreichungen bei der Arbeit bis zu Lebensrettungsaktionen aus Todestransporten reichten, die Krankenpflege im Häftlingsrevier oder die Versetzung in ein anderes Arbeitskommando oder Außenlager betrafen. Besonders auch an Kindern wurde die internationale Solidarität geübt. Das von Bruno Apitz in seinem Roman »Nackt unter Wölfen« nachgestaltete Schicksal des polnisch-jüdischen Jungen, den die Häftlinge als »Buchenwaldkind« unter Lebensgefahr verbargen, ist nur ein Beispiel von vielen.
Im Verlauf des Krieges wuchs auch in Weimar die Hoffnungslosigkeit im Hinblick auf den versprochenen »Endsieg«. Die Wirtschaft war ganz auf die Kriegsproduktion konzentriert. Am 1. September 1944 wurde das Deutsche Nationaltheater geschlossen; schon im folgenden Monat nahm hier ein Rüstungsbetrieb die

Dr. jur. Martin Donndorf (1865–1937), Oberbürgermeister von Weimar 1910–1920, Ehrenbürger der Stadt 1930, rechts

Dr. jur. Walther Felix Mueller (1879–1970). Oberbürgermeister von Weimar 1920–1937, Ehrenbürger der Stadt 1937, links

Arbeit auf. Die Dichterstatuen vor dem Gebäude hatten zum Schutz vor Bombenbeschädigungen bereits 1941 eine steinerne Ummauerung erhalten. Fliegerangriffe, die vorerst nur leichte materielle Schadensfälle verursachten, fanden schon im Juli 1940 statt.

In den 30er Jahren war man dem permanenten Wohnungsproblem durch zahlreiche Neubauten in den städtischen Randgebieten begegnet. Dafür stand in den 40er Jahren kein Geld mehr zur Verfügung. Die Stadt mußte 1942 mit über sieben Millionen Reichsmark rund die Hälfte ihres Gesamthaushalts für Kriegskosten aufbringen; allein für die finanziellen Abführungen 1940/42 hätten fast 1000 Wohnungen entstehen können. Bei 69 553 Deutschen und 4563 Ausländern, die 1943 in der Stadt lebten, war die Wohnungsnot so groß, daß kinderreiche Familien in selbsterrichteten Notunterkünften in Gartenkolonien hausen mußten. Doch der Krieg forderte noch größere Opfer: Am 9. Februar 1945 und während neun weiterer Luftangriffe in diesem Monat kam es zu schweren Verwüstungen. Sprengsätze detonierten in Goethes Wohnhaus wie in der Herderkirche, richteten große Schäden im Schillerhaus, im Kirms-Krackow-Haus, im Deutschen Nationaltheater an und zerstörten unersetzliche Schätze der Weltliteratur. Der ohnehin übervölkerte Ort verlor von seinen insgesamt 5824 Häusern 373 mit 1300 Wohnungen; 3868 Gebäude wurden beschädigt. Etwa 7000 Quadratmeter Straßen waren unpassierbar, die Gas-, Wasser- und Stromversorgung unterbrochen. Rund 300 000 Kubikmeter Trümmer türmten sich im Stadtgebiet. Durch Bombenangriffe wurden 1254 Menschen getötet.

Doch während Weimar in Schutt und Asche sank, kündete sich zugleich das Ende dieses dunkelsten Kapitels deutscher Geschichte an. Im Konzentrationslager Buchenwald wuchs der Widerstand der Antifaschisten verschiedener politischer Überzeugungen und unterschiedlicher Glaubensbekenntnisse. Mit konspirativen Mitteln wurde Sabotage in der Rüstungsproduktion betrieben und durch geheime Beschaffung von Waffen und Ausrüstungsgegenständen die Selbstbefreiung der Häftlinge geplant. Noch vor Ankunft der III. US-Armee am 11. April 1945 öffnete sich für 21 000 Überlebende das Tor in die Freiheit, für etwa 65 000 wurden Buchenwald und seine 136 Außenkommandos zum Massengrab.

Die Befreiten schworen am 19. April 1945 auf dem Ettersberg: »Die Vernichtung des Nazismus mit seinen Wurzeln ist unsere Losung. Der Aufbau einer neuen Welt des Friedens und der Freiheit ist unser Ziel.«

Dr. phil. Wilhelm Bode (1862–1922). Der Goetheforscher lebte von 1897 bis zu seinem Tode in Weimar

Siedlung Heimfried 1919. Als erste staatliche Wohnungsbaubeschaffungsmaßnahme entstanden 1919 am Ende der Röhrstraße 290 Kleinwohnungen für Arbeiter; 1920 folgte die Siedlung Landfried an der Buttelstedter Straße mit 224 Kleinwohnungen. Weitere Wohnhäuser wurden in den 20er Jahren an der Röhr- und der Asbachstraße sowie auf dem Gelände »Großmutterleite« durch Siedlungsgesellschaften errichtet

Blick in die Schillerstraße 1925. Die Geschäftshäuser wurden 1914 unter der Leitung von Bruno Röhr (1875–1926) als einheitliche Häusergruppe den örtlichen Gegebenheiten, vom Wittumspalais allmählich abstufend, angepaßt. Röhr war auch der Architekt des gegenüberliegenden, 1911 im modernen Sachstil erricheten Kaufhauses Sachs & Berlowitz

Schwanseebad, Luftbild 1928. Seit 1849 bestand am Schwanseeteich eine Badeanstalt. Als Teil eines großen Sportforums wurde das nach Plänen von August Lehrmann (1878–1945) errichtete Schwanseebad am 20. Mai 1928 mit einem 150 Meter langen Schwimmbecken seiner Bestimmung übergeben

◁ Ankunft des Reichspräsidenten Paul von Beneckendorf und von Hindenburg (1847–1934) vor dem Hauptbahnhof am 10. Mai 1926

Schwanseebad 1928. Haupteingang

◁ Weihe des Kriegerdenkmals vor dem Schloß 1927. Für die im Ersten Weltkrieg 1914–1918 Gefallenen wurde zur 225-Jahr-Feier des Thüringischen Infanterie-Regiments Nr. 94 am 9. Oktober 1927 das von dem Bildhauer Arno Zauche (1875–1941) geschaffene Denkmal geweiht. Im Hintergrund das im 18. Jahrhundert als herzogliches Reithaus entstandene Gebäude

Schwanseebad 1928. Eckbrunnen

Rollplatz 1928. Die Häuser an der Nordseite wurden 1929 abgerissen, um dem Neubau des Arbeitsamtes, das nach einem Entwurf von August Lehrmann (1878–1945) errichtet und im Juni 1930 eingeweiht wurde, Platz zu machen

Hotel »Großherzog von Sachsen« am Museumsplatz. Das Haus, 1934 noch als Hotel betrieben, wurde 1935 Sitz der Deutschen Arbeitsfront

Mitglieder des Deutschen Nationaltheaters Weimar in der Spielzeit 1926/27. Die Sängerin Priska Aich (1887–1943) und der Schauspieler Wilhelm Hinrich Holtz (1885–1971)

Mathilde von Freytag-Loringhoven (1860–1941), Malerin, Schriftstellerin und Tierschützerin

INGENIEURSCHULE

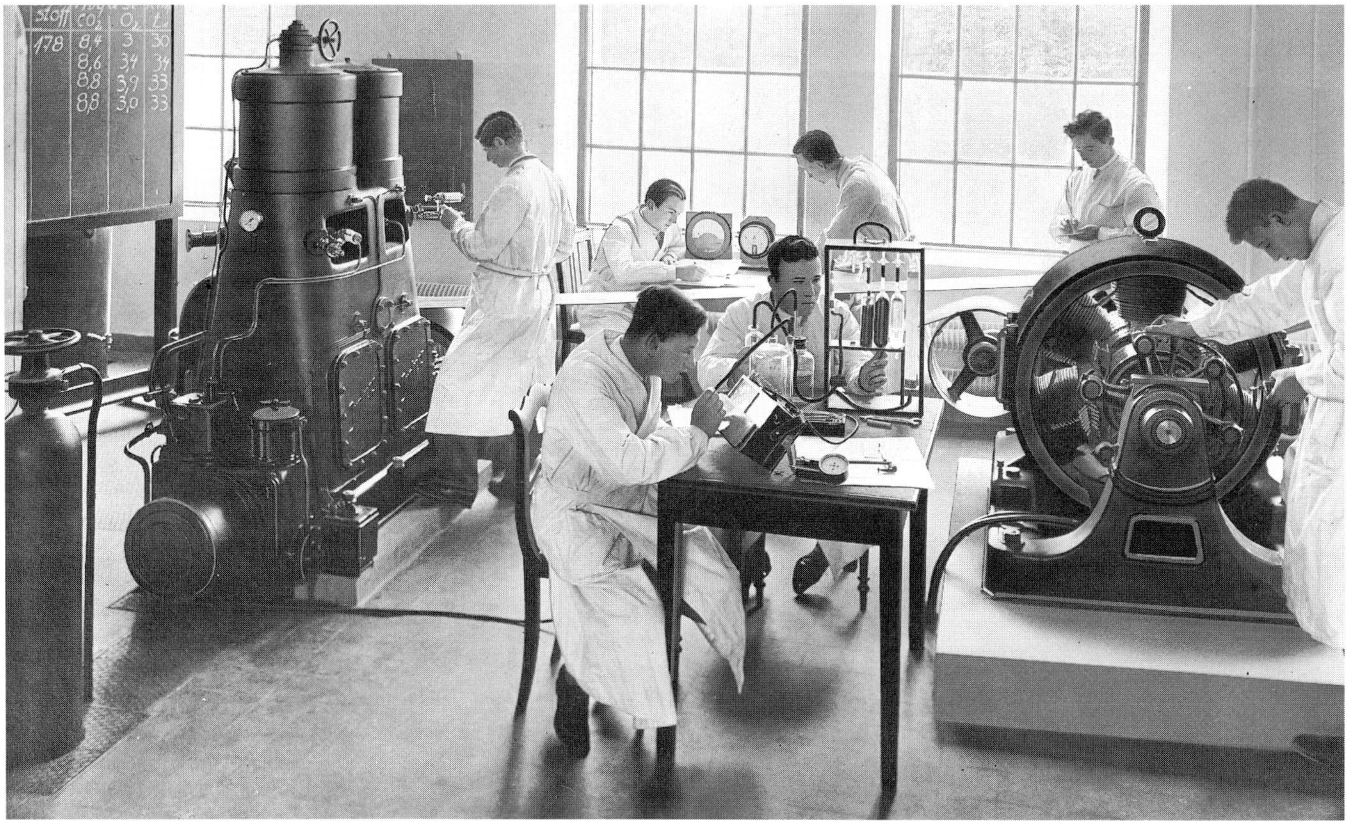

Flughafen am Webicht

◁ *Ingenieurschule Weimar 1931. Die 1895 in Altenburg gegründete Ingenieurschule, eine der ältesten privaten technischen Lehranstalten Deutschlands, siedelte am 1. April 1931 in die stillgelegte Röhmhildtsche Pianofortefabrik hinter dem Bahnhof mit 457 Studenten im ersten Semester über; die Schule bestand bis 1945*

◁ *Studenten der Ingenieurschule Weimar bei der Ausbildung 1938*

Thüringische Landeskampfbahn 1932. Auf dem als »Thüringische Landeskampfbahn« am 27. Oktober 1928 geweihten Stadion wurde vor 8000 Zuschauern am 18. September 1932 der XII. Leichtathletik-Länderkampf ausgetragen, den Deutschland gegen die Schweiz gewann

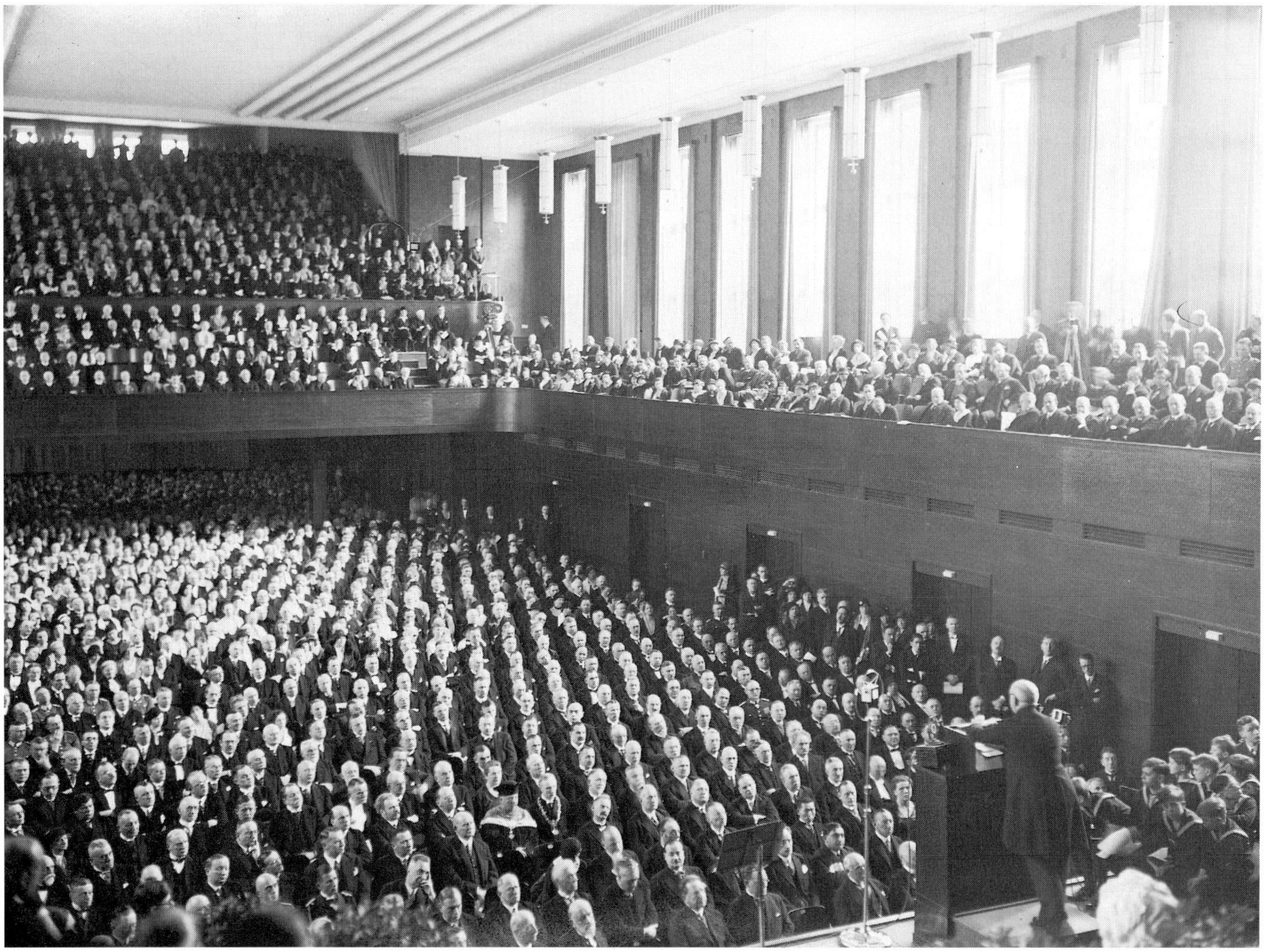

1. Reichsbauerntag
19.–21. Hartung 1934

◁ *Goethe-Gedenkfeier in der Weimarhalle 1932. Vom 20.–28. März 1932 fand in der am 12. März eingeweihten Weimarhalle anläßlich des 100. Todestages des Dichters eine Gedenkwoche statt, an der über 70 Botschafter und Gesandte sowie namhafte Politiker und Literaten wie Thomas Mann (1875–1955) und Gerhart Hauptmann (1862–1946) teilnahmen. Am Rednerpult der Präsident der Goethe-Gesellschaft, Prof. Dr. Julius Petersen (1878–1941)*

Goethe-Schiller-Denkmal 1934

◁ *1. Reichsbauerntag in der Weimarhalle 1934. In Anwesenheit von Mitgliedern der Reichsregierung wurde der Reichsbauerntag vom 19.–21. Januar hier abgehalten*

Vorbeimarsch an Adolf Hitler (1889-1945) auf dem Karlsplatz (heute Goetheplatz) 1938

Teil des Karl-August-Platzes mit Viadukt 1936. Der zu den schönsten Anlagen Weimars zählende Platz wurde mit dem ersten Spatenstich am 4. Juli 1936 zur Schaffung des NSDAP-Gauforums, für das etwa 100 Wohnhäuser und der Viadukt beseitigt wurden, zerstört

Abtransport der Vimaria-Brunnenfigur vor dem Landesmuseum 1936

Blick auf den Froriepschen Garten und die Jakobskirche 1927. Aus dem Besitz der Nachkommen Friedrich Justin Bertuchs (1747–1822) erwarb die Stadtverwaltung das Grundstück zum Bau einer Stadthalle. Das Gelände sollte als Stadtpark mit dem sich westlich anschließenden Schwanseebad und dem Stadion zu einer einheitlichen Grünanlage gestaltet werden. 1930 wurde nach dem Entwurf des Architekten Max Vogeler (geb. 1874) mit dem bis dahin größten Saalbau Thüringens begonnen

»Bau des Gauforums«, Gemälde von Hans Bauer

Modell des Gauforums. Nach dem Entwurf des Architekten Hermann Giesler (1898–1987) sollten Parteibauten der NSDAP und eine Festhalle am »Platz des Führers« entstehen

Zum Zwiebelmarkt in der Marktstraße 1938

Haus in der Vorwerksgasse. Der Kunstmaler Siegfried Kötscher (1886–1954) führte Fassadenmalerei aus, so in der Vorwerksgasse und Geleitstraße, und gestaltete das Gasthaus Zur Linde in Ehringsdorf bildkünstlerisch aus

Weimar 1945. Die Nordseite des Marktes (oben) und der Blick von der Stadtkirche zum Deutschen Nationaltheater (unten). Nach dem schwersten Luftangriff am 9. Februar 1945 wurden u. a. das Goethe-, das Schiller- und das Bachhaus, die Stadtkirche, das Deutsche Nationaltheater und die Nordseite des Marktplatzes zerstört; insgesamt wurden 1254 Bürger getötet und 1300 Wohnungen vernichtet

Zeittafel

1882

1. April: Einer der ersten Photographen, der gut gelungene Momentaufnahmen anfertigt und das elektrische Licht in den Dienst der Photographie stellt, Louis Held, gründet ein Atelier in der Schillerstraße 16, das 1886 in die Marienstraße 1 verlegt wird, wo am 30. November 1912 die Reformlichtspiele eröffnet werden.
1. April: Der Kaufmann Leander Berbig gründet ein Kaffeehaus am Frauenplan, das sich zur Thüringer Großrösterei »Vimaria« entwickelt.
12. November: Der Botaniker Karl Haußknecht, der 1869 seinen Wohnsitz in der Stadt nimmt und zuerst in der Jakobstraße und später Schillerstraße 9 wohnt, gründet den Thüringischen Botanischen Verein, dessen Vorsitzender er wird.
28. November: Ein durch eine Staubexplosion verursachter Großbrand vernichtet die etwa 500jährige Burgmühle vor der Kegelbrücke; zu Beginn des Jahres war bereits die Mahlmühle der Vereinsmühle durch Brand vernichtet worden.

1883

3. Mai: Der am 31. Juli 1796 in Weimar geborene Großherzogliche Leibarzt, Gemeinderatsmitglied Dr. med. Karl Huschke, stirbt hier.
16. Juni: Der spätere Dichter Ernst Ludwig Schellenberg wird hier als Sohn des Schuldirektors Schellenberg geboren.

1884

20. Februar: Der Radfahrerverein Weimar wird begründet.
7. Mai: Unter dem Namen »Paulinenstift« wird in der Schröterstraße eine Bildungsanstalt für Mädchen errichtet.
4. bis 5. Juni: Als Allgemeiner Evangelisch-Protestantischer Missionsverein wird unter dem Motto »Wir erwarten Großes von Gott und versuchen Großes für Gott« die spätere Ostasien-Mission von deutschen und Schweizer Theologen gegründet.
8. Juni: Karl Seyfarth gründet in dem 1841 errichteten Haus Markt 2 ein Zigarren-Spezialgeschäft, das noch heute als Familienbetrieb geführt wird.
29. September: Als halblegale Parteiorganisation der Sozialdemokratie wird der Verein zur Wahrung der Interessen der Arbeiter gegründet, dessen Vorsitzender Karl Kettel ist, und der bis zum 19. Januar 1886 insgesamt 40 Versammlungen durchführt; er entwickelt sich zum Mittelpunkt der Arbeiterbewegung.
14. November: Die Stadtgemeinde erhält die selbständige Leitung des Feuerlöschwesens und beschließt, mit einem Kostenaufwand von 5370 Mark technische Feuermeldestellen durch die Firma Hegelmann aus Erfurt errichten zu lassen.
Anfang Dezember: Die aus 40 Personen bestehende und aus den Kriegervereinen hervorgegangene Sanitätskolonne beim Roten Kreuz konstituiert sich und wird von Dr. med. Bruno Schwabe theoretisch ausgebildet und praktisch betreut.

1885

1. April: Die Realschule wird zum Gymnasium erhoben, das 1900 verstaatlicht wird.
15. April: Walther Wolfgang von Goethe, Enkel und letzter Nachkomme des Dichters, der testamentarisch das Großherzogtum als Erben des Goetheschen Nachlasses eingesetzt hat, stirbt in Leipzig und wird am 18. April in Weimar beigesetzt.
18. Mai: Das nach dem Vorbild der Bibliothek San Marco in Venedig von Streichhan entworfene und von Maurermeister Reinhold Röhr errichtete Magazingebäude für das staatliche Archiv wird als erster deutscher Archivzweckbau am Alexanderplatz eingeweiht. Nach Röhr wird 1890 eine Straße benannt.
20. bis 21. Juni: Die Goethe-Gesellschaft wird hier gegründet und erhält am 30. Juni die Rechte einer juristischen Person; bis zum 19. Januar 1888 steigt ihre Mitgliederzahl auf die für eine Literaturgesellschaft bisher unerreichte Höhe von 2883 an.
Sommer: Der 22jährige Pianist Bernhard Stavenhagen kommt nach Weimar und wird von Franz Liszt in den Kreis bevorzugter Schüler aufgenommen.

1886

20. Februar: Als Sohn eines Hofmusikers wird der spätere Kunstmaler Siegfried Kötscher geboren, der Fassadenmalerei am Haus Geleitstraße 9 und in der Vorwerksgasse ausführt und das Gasthaus Zur Linde künstlerisch ausgestaltet.
1. Juli: Liszt verläßt Weimar und stirbt am 31. in Bayreuth, wo er bestattet wird; die ehemals von ihm in der Hofgärtnerei bewohnten Räume werden museal gestaltet.
3. Juli: Das Goethehaus wird als Goethe-Nationalmuseum eingerichtet und am 5. Juli durch seinen Direktor Carl Ruland der Öffentlichkeit übergeben; der Stiftungsbrief datiert vom 5. August 1885.
8. Juli: Die nach zweieinhalbjähriger Bauzeit im Danziger Renaissancestil unter Leitung von Oberbaudirektor Julius Bormann, Nachfolger Streichhans, durch Karl Lösch errichtete Pflegerinnenanstalt, die den Namen »Sophienhaus« erhält, wird mit Haupt- und Absonderungshaus eingeweiht; das Krankenhaus, in dem Medizinalrat Pfeiffer 34 Jahre mit 26 Schwestern tätig ist, verfügt über 60 Betten.
7. September: An seinem 25. Geburtstag gründet Maurermeister Wilhelm Bischoff aus Tannroda eine Baufirma, mit der er Wohnhäuser in der Bertuch- und in der Döllstedtstraße sowie 1892 ein neues Fabrikgebäude für die Pianofortefabrik Römhildt und 1906 die neue Friedhofskapelle errichtet.

1887

1. Mai: Um 16.30 Uhr startet der Aeronaut Carl Securius vom Turngarten des Realgymnasiums in einem mit 668 Kubikmeter Leuchtgas gefüllten sowie in 1510 Meter Höhe fliegenden Ballon und landet um 18.05 Uhr in Schloßvippach.
15. Mai: Die Sekundärbahn Weimar–Berka–Blankenhain–Tannroda, für deren Bau Hermann Bachstein am 18. März 1882 die Genehmigung erhielt, wird feierlich eröffnet; der Güterverkehr wird am 13. Juni aufgenommen.
24. Mai: Eine Filiale des Garn-, Knopf-, Posamentier-, Weiß- und Wollwarengeschäftes von Hermann Tietz aus Gera wird von Oskar Tietz in der Marktstraße 2 eröffnet.
26. Juni: Die Eisenbahnstrecke Weimar–Schöndorf–Buttelstedt–Großrudestedt–Rastenberg wird eröffnet; es verkehren täglich vier Züge der »Laura« genannten Kleinbahn in beiden Richtungen.
9. Juli: Der Künstlerverein erhält die ehemalige Hofsattlerei und Hofschmiede am Zeughof zur Nutzung; am 3. März 1888 bekommt das Gebäude von der Generalversammlung den Namen »Künstlerhaus«.
10. Oktober: Um elf Uhr wird das von Bormann entworfene und von Röhr im Stil holländischer Renaissance errichtete Gymnasium (heute Goethe-Oberschule) in der Amalienstraße mit einer Kantate von Karl Müller-Hartung feierlich unter seinem ersten Direktor Ludwig Weniger eingeweiht; die Inschrift »SOLI DEO GLORIA« (Gott allein die Ehre) schmückt das Gebäude.

1888

Februar: Der Schriftführer der Goethe-

Gesellschaft, Dr. jur. Karl Kuhn, stellte die Lage des bis dahin nicht bekannten Grabes von Christiane Vulpius auf dem Jakobsfriedhof fest, dessen Auffindung sich die Gesellschaft seit ihrer Gründung zum Ziel gesetzt hat.

1. Oktober: Das neue, für 219 512 Mark durch Baumeister Lehoff errichtete Telegraphen- und Postgebäude wird in Nutzung genommen; 1916 erhält es einen Anbau.

23. Oktober: Schwabe gründet das Naturwissenschaftliche Museum, das eine der bedeutendsten menschenkundlichen und prähistorischen Sammlungen Deutschlands birgt; am 24. Juni 1889 wird es in der zweiten Etage der zweiten Bürgerschule hinter der Stadtkirche mit den Abteilungen Altertümer, Zoologie, Mineralogie, Paläontologie und Botanik der Öffentlichkeit zugänglich gemacht.

1889

8./11. Mai: Der Schiller-Nachlaß kommt als Schenkung zum Goetheschen Familienarchiv hinzu und bildet mit diesem das Goethe-Schiller-Archiv, das sich zu einer in Deutschland einmaligen Literaturforschungsstelle entwickelt.

2. August: Nach einer persönlichen Vorstellung am 7. März wird der Komponist Richard Strauss als zweiter Hofkapellmeister verpflichtet und wohnt in der Erfurter Straße; er führt das Musikleben zu neuer Blüte, verläßt aber am 1. Juli 1894 die Stadt, um nach München zu gehen.

1891

28. September: Der Bischof von Fulda, Joseph Weyland, weiht die nach dem Vorbild des Doms von Florenz durch Max Meckel aus Frankfurt am Main entworfene Herz-Jesu-Kirche, zu deren Bau am 23. Mai 1889 der Grundstein gelegt worden war.

1892

März bis April: Das Naturwissenschaftliche Museum wird im Poseckschen Haus untergebracht und hier Mitte August wieder eröffnet; 1897 schenkt Schwabe dem Museum seine diluvialen Sammlungen, insbesondere Taubacher und Ehringsdorfer Funde.

27. Juni: Otto Hertel richtet in der Schützengasse 5 ein Photographisches Atelier ein.

1893

5. Mai: Der Verein zur Förderung des Fremdenverkehrs, der für den Besuch Weimars als »gesündeste deutsche Stadt mit geringster Sterblichkeit unter den Städten über 2000 Einwohnern« wirbt, erhält Satzungen; am 30. Oktober 1902 wird er zu einem Verkehrs- und Verschönerungs-Verein erweitert und nennt sich ab 31. Oktober 1924 »Verkehrsverein Weimar«.

23. Dezember: Unter der musikalischen Leitung von Richard Strauss wird die Märchenoper »Hänsel und Gretel« von Engelbert Humperdinck uraufgeführt.

1894

15. Januar: In der Rolle der Santuzza aus der Oper »Cavalleria rusticana« von Pietro Mascagni gastiert die berühmte Schauspielerin Eleonora Duse mit ihrer Gesellschaft.

30. Juni: Die Statuten der Marie-Seebach-Stiftung werden erlassen; die Stiftung bezweckt, »Pensionären der Genossenschaft deutscher Bühnen-Angehöriger durch Aufnahme in das in der Stadt Weimar zu erbauende ›Heim‹ und durch Gewährung der Verpflegung, einschließlich der Heizung und des Lichtes, ein möglichst sorgenfreies Leben zu bereiten«.

Mitte des Jahres: Der Thüringer Ausstellungsverein Bildender Künstler, der seine Exponate im Poseckschen Haus zeigt, wird gegründet; er hat zunächst Zweigvereine in Jena, Gera und Greiz und später in Eisenach, Coburg, Merseburg und Glauchau.

1895

2. August: Das Marie-Seebach-Stift in der Tiefurter Allee wird von der Stifterin eingeweiht; durch Umbau erhält es 1901 sein heutiges Aussehen.

15. August: Als Geschenk der Stadt Preßburg (heute Bratislava) wird das von Franz Pönninger geschaffene Hummel-Denkmal am Sophienstiftsplatz enthüllt.

20. Oktober: Der Brunnen in der Geleitstraße, das »Meiner Vaterstadt in Liebe und Dankbarkeit« gewidmete Symbol der Mutterliebe, wird in Anwesenheit seines Schöpfers Adolf Donndorf enthüllt und erhält den Namen »Donndorf-Brunnen«; den steinernen Unterbau entwarf Stadtbaumeister Bruno Schmidt.

1896

28. Juni: Das von Otto Minkert für das Goethe-Schiller-Archiv errichtete Gebäude wird eröffnet.

1897

4. März: Das neue, nach einem Plan von Stadtbaumeister Schmidt mit Unterstützung des Architekten Rudolph Zapfe aus Oberweimar errichtete Gewerbehaus Schillerstraße 10 wird mit musikalischem Auftakt durch die Stadtkapelle in Anwesenheit zahlreicher Ehrengäste feierlich eingeweiht.

2. April: Ein Ortsstatut legt die Zusammensetzung des Gemeindevorstands fest, der aus dem Oberbürgermeister, dem Zweiten Bürgermeister, dem jeweiligen Stadtbaumeister und aus drei unbesoldeten Stadträten besteht; der Gemeinderat, mit 28 Personen 1898, gliedert sich in den »Finanz-, den Bauausschuß, den Volksschulvorstand, den Schulvorstand des Realgymnasiums, den Krankenhausvorstand, die Kommission für die Holzspalteanstalt und zur Kontrolle des Armen- und Arbeitshauses, die Kommission für das Gas- und Wasserwerk, den Ausschuß für die Herstellung der elektrischen Beleuchtungszentrale und der Straßenbahn, den Ausschuß behufs Erwägung und Beratung der Frage über eine anderweitige Organisation der Gemeindebehörden, den Gesundheitsrat, die Kommission für das Albert- und Franziska-Voigt-Stift, die Kommission für das Wolf-Töpfer-Stift, die Kommission für Beaufsichtigung des Friedhofs, der Gartenarbeitsschule und der Stadtverschönerungen sowie die Kommission behufs Beratung der beim Schlachthof in Betracht kommenden Fragen«.

1. August: Auf Betreiben der Schwester des Philosophen Professor Dr. Friedrich Nietzsche siedelt dieser von Naumburg nach Weimar, Wörthstraße 5 (heute Thomas-Müntzer-Straße), über und wohnt später Luisenstraße 30 (heute Humboldtstraße 36).

1898

1. Juli: Bis zum 30. September sterben acht Menschen an Flecktyphus, 16 an Brechdurchfall, acht an Lungentuberkulose und sechs begehen Selbstmord; 161 Geburten stehen 125 Todesfällen gegenüber.

1. September: Bis Ende des Monats übernachten 4987 Personen in Hotels und Gasthäusern.

9. November: Die Eröffnung der Waggonfabrik Weimar wird in das Genossenschaftsregister eingetragen; auf dem Gelände einer früheren Ziegelei Buttelstedter Straße 144 werden Eisenbahnwagen und Wagen für den elektrischen Betrieb hergestellt. 1899 stellen 300 Arbeiter 336 Waggons her.

15. Dezember: Das mit Dampfkraftmaschinen betriebene Elektrizitätswerk der Firma Siemens Elektrische Betriebe AG am Kirschberg gibt erstmals Strom an die Verbraucher ab.

1899

7. März: Der italienische Komponist und Pianist Ferruccio Benvenuto Busoni wirkt in einem Konzert der Hofkapelle mit; er unterrichtet hier im Klavierspiel.
21. bis 30. April: Die erste vollständige Aufführung der Tetralogie »Ring der Nibelungen« von Richard Wagner findet am Hoftheater statt.
3. Juni: Mit einer vom Bahnhof ausgehenden roten Linie, die über das Großherzogliche Museum, Bürgerschulstraße, Innere Erfurter Straße, Wielandplatz zur Falkenburg führt, und mit einer grünen Linie, der vom Karlsplatz über Graben, Kaufstraße, Markt, Frauenplan und Wielandplatz führenden Stadtlinie, nimmt die elektrische Straßenbahn ihre Fahrt auf; eine Polizeiverordnung über den Betrieb datiert vom 1. März.
29. September: Für die 1885 gegründete anglikanische Gemeinde wird eine unter Leitung Rudolph Zapfes im Stil englischer Neugotik errichtete Kirche, für die im Frühjahr der Grundstein gelegt worden war, in Anwesenheit zahlreicher Engländer geweiht.

1900

1. Januar: Auf Gemeinderatsbeschluß wird um zwölf Uhr bei Sonnenschein und frühlingshafter Wärme mit einem Frühkonzert der Stadtkapelle auf dem Rathausbalkon das neue Jahrhundert begrüßt.
25. August: Friedrich Nietzsche stirbt hier in geistiger Umnachtung und wird in Röken bei Weißenfels beigesetzt.

1901

5. Januar: Großherzog Carl Alexander stirbt; seine Nachfolge bis 1918 tritt sein Enkel Wilhelm Ernst an.
1. Oktober: Für alleinstehende berufstätige Frauen und Mädchen wird das Martha-Marien-Heim gegründet, das am 1. Juli 1903 das Haus Amalienstraße 6 erwirbt.
27. Oktober: Auf dem Ettersberg wird ein von Ernst Kriesche erbauter Turm eingeweiht, der dem Begründer des deutschen Reiches, Reichskanzler Otto Fürst von Bismarck, gewidmet ist.
28. Oktober: Das unter Leitung Karl Reichenbechers auf dem von Stadtgutsbesitzer Max Zöllner gestifteten Grundstück errichtete Blindenheim, eine Beschäftigungs- und Versorgungsanstalt für erwachsene Blinde des Großherzogtums Sachsen-Weimar-Eisenach, wird eingeweiht und in ihm der handwerkliche Unterricht von sieben Schülern aufgenommen; das Gebäude trägt die Inschrift »Dem Wohltäter der Blinden Max Zöllner zum Ehrengedächtnis«. 1904 erhält eine Straße den Namen Zöllners.
21. Dezember: Als Berater für Industrie und Kunstgewerbe wird der am 3. April 1863 in Antwerpen geborene Architekt und Hauptvertreter des Jugendstils, Henry van de Velde, durch den Großherzog nach Weimar berufen; sein Anstellungsvertrag datiert vom 15. Januar 1902.

1902

20. April: Die am 27. Dezember 1901 gebildete Aktiengesellschaft für Eisenbahn- und Militärbedarf nimmt ihren Betrieb in der bisherigen Waggonfabrik auf.
31. Mai: In Anwesenheit eines Vertreters der Königlich-Ungarischen Regierung wird unter den Klängen der Weimar-Hymne das von Hermann Hahn geschaffene Liszt-Denkmal im Beisein seines Schöpfers im Park enthüllt.
Oktober: Der in Paris geborene und Mitte des Jahres zur Erneuerung von Kunst und Kunstgewerbe nach Weimar berufene Harry Graf Keßler übersiedelt in die Stadt und wohnt Cranachstraße 15; im Martersteigschen Haus hinter der Kunstschule ruft er 1913 als eine der bedeutendsten Privatpressen in Deutschland die Cranach-Presse ins Leben, die 1931 aus finanziellen Gründen geschlossen wird.
21. Oktober: Auf Beschluß des Schulvorstandes erhält die erste Bürgerschule den Namen »Carl-August-Schule«, die Schule hinter der Stadtkirche den Namen »Herderschule«, die in der Sophienstraße gelegene den Namen »Sophienschule« und die in der Röhrstraße als Handels- und Fortbildungsschule für Mädchen durch Bruno Schmidt errichtete den Namen »Luisenschule«.
12. Dezember: Der Gemeinderat beschließt die Verleihung des Ehrenbürgerrechts an den 1834 in Kölleda geborenen Generaloberarzt Dr. med. Bruno Schwabe in »Anerkennung seines Wirkens im Dienst des Roten Kreuzes und für die Schenkung seiner naturwissenschaftlichen und ethnographischen Sammlungen an die Stadt«, das ihm am 27. Februar 1903 der Oberbürgermeister und der Vorsitzende des Gemeinderates Louis Döllstedt überreichen; der am 12. Juni 1918 hier verstorbene Schwabe, nach dem 1914 eine Straße benannt worden war, wird in seiner Geburtsstadt beigesetzt.

1903

23. Februar: Der erste Fußballklub, der sich wenige Zeit später »Sport-Club Weimar« nennt und seine Spiele auf den Neunzigäckern am Webicht austrägt, wird gegründet; bereits 1895 hatte Seminarlehrer Adolf Bär, der auch Leichtathletik und Tennis gefördert hat, einen Schülerverein ins Leben gerufen und das Fußballspiel eingeführt.
1. April: Das Naturwissenschaftliche Museum wird in städtische Verwaltung übernommen und damit das erste selbständige Museum Thüringens geschaffen; Kustos mit einer Jahresbesoldung von 2100 Mark bei freier Wohnung und Heizung wird der Lehrer Armin Möller.
Oktober: In der Frauentorstraße wird mit dem Abbruch von Häusern begonnen, um dem Neubau eines Bankhauses Platz zu machen.
14. Oktober: Um sechs Uhr überfliegt ein bemannter Luftballon der Königlich-Bayrischen Luftschifferabteilung München die Stadt.
15. Oktober: In dem von van de Velde umgebauten Nietzsche-Archiv enthüllt Graf Keßler, Kurator des Großherzoglichen Museums für Kunst und Kunstgewerbe, eine vom Bildhauer Max Klinger geschaffene Büste des Philosophen und weiht in Anwesenheit internationaler Gäste die neugestalteten Bibliotheksräume ein.
25. bis 27. November: Auf einer internationalen Tournee gastiert das Ibsen-Theater aus Berlin mit Luise Dumont im Tivoli; die Künstlerin regt die Errichtung eines Sommertheaters in der Belvederer Allee an.
15. Dezember: Der Deutsche Künstlerbund, der zu seinen Mitgliedern die hervorragendsten Vertreter der bildenden Kunst zählt, wird auf dem Sezessionistenkongreß gegründet.

1904

23. April: Das aus weißem Marmor von Otto Lessing geschaffene erste Shakespeare-Denkmal Deutschlands wird hinter der Mauer im Park enthüllt.
Juli: Vom Abbruch bis zum Innenausbau wird bis Oktober nach Plänen van de Veldes der erste Bauabschnitt der Kunsthochschule fertiggestellt; am 8. November 1911 ist der Gesamtbau vollendet.

1905

28. April: Der Entwurf Henry van de Veldes zum Bau eines Bildhauerateliers an der Stelle der Baumschule wird genehmigt und das Gebäude bis zum 23. Oktober 1906 vollendet; Adolf Brütt wird Leiter der Meisterklasse in der neueröffneten Bildhauerschule.

9. Mai: In der festlich geschmückten Stadt wird des 100. Todestages von Friedrich Schiller gedacht.

1906

Anfang Januar: Im Museum für Kunst und Kunstgewerbe am Karlsplatz wird eine Ausstellung mit Werken des französischen Bildhauers Auguste Rodin, die Harry Graf Keßler in Paris organisiert hatte, eröffnet; Konservative provozieren wegen des Tiefstandes »der Sittlichkeit der Künstler« einen Skandal, der Keßlers Ausscheiden aus dem Staatsdienst zur Folge hat.

3. Januar: Im Brauhof am Karlsplatz findet zum ersten Mal eine Vorführung sogenannter lebender Photographien wie »Die berühmten Springbrunnen in Versailles«, »Gretchens Liebesroman« und anderer statt, die von einem Pianisten stimmungsvoll begleitet werden und allabendlich wechseln; am 9. Februar hält der Photograph und Vorsitzende des Deutschen Photographenvereins, Karl Schwier, einen Vortrag über Farbphotographie.

April: Der Dichter Ernst von Wildenbruch wird ansässig und ein am Hoftheater oft gespielter Autor; er erwirbt ein Grundstück Am Horn 25 und bezieht 1907 die von dem Architekten Paul Schultze-Naumburg errichtete Villa »Ithaka«, die von 1928 bis 1937 als Krankenhaus mit Entbindungsstation genutzt wird.

21. Mai: Im Hotel Elephant wird unter Vorsitz von Professor Dr. phil. Eduard Scheidemantel die Ortsgruppe Weimar des Bundes Heimatschutz gegründet mit der Aufgabe, sich »der Pflege und Erhaltung des Stadtbildes und der möglichst harmonischen Eingliederung der Neubauten in den Rahmen der künstlerisch-architektonischen Überlieferung« zu widmen; Mitglieder sind unter anderen die Professoren Adolf Bartels, Hans Olde, Hans W. Schmidt, Paul Schultze-Naumburg, Max Thedy sowie Bruno Eelbo.

7. Juni: Auf einem Bauplatz in der Meyerstraße wird ein Hockergrab aus der Merowingerzeit gefunden; bereits 1903 war Am Horn ein Hockergrab aus der jüngeren Steinzeit entdeckt worden.

12. Juni: Auf Beschluß des Gemeinderates wird für den Theaterneubau ein Eisenbahngleis vom Erfurter Tor über den Sophienstiftsplatz zur Dingelstedtstraße gelegt; 1908 wird das Gleis auf der gesamten Erfurter Straße entfernt.

9. Juli: Der Vorschuß- und Sparverein eröffnet sein von dem Architekten Alfred Sasse errichtetes Geschäftshaus Schillerstraße 16; die Stahlkammer, eine der ersten ihrer Art in Europa, ist für 3000 Schrankfächer eingerichtet.

11. Juli: Im südlichen Teil des Friedhofs wird eine neue Friedhofskapelle mit einem Verbindungsbau im romanischen Rundbogenstil zur Leichenhalle nach dem Entwurf von Bruno Schmidt geschaffen.

26. August: Als Buffalo Bill bietet Colonel William Frederick Cody mit seiner Truppe auf den Neunzigäckern eine einzigartige Wildwest-Show.

6. September: Der tägliche Linienbetrieb mit einem für 21 300 Mark angekauften Omnibus mit 28 PS und je einem Abteil für Raucher und Nichtraucher wird zwischen Belvedere und dem Ettersberg im Abstand von zwei Stunden versuchsweise aufgenommen; bis zum 24. September werden 2710 Fahrgäste befördert.

30. September: Auf dem ersten Nationalbühnentag wird in der »Erholung« der Deutsche Schillerbund gegründet, dem Schriftsteller, Lehrer und Künstler angehören; der Bund, der regelmäßige Nationalfestspiele für die deutsche Jugend durchführen will, zählt zehn Jahre später 100 Ortsgruppen mit 7000 bis 8000 Mitgliedern.

12. Dezember: Vor der Strafkammer des Weimarer Landgerichts wird gegen die 35jährige linke Führerin der Sozialdemokraten, Rosa Luxemburg, wegen ihrer Rede zum Thema »Massenstreik« auf dem Jenaer Parteitag der SPD am 21. September 1905 verhandelt; sie wird wegen »Aufreizung zur Gewalttätigkeit« zu zwei Monaten Gefängnis verurteilt.

1907

28. Januar: Auf Initiative des Bienenforschers Dr. h. c. Ferdinand Gerstung aus Oßmannstedt wird die Gründung des Reichsbienenzuchtmuseums in Weimar beschlossen; ein zweites naturwissenschaftliches Museum zur Bienenkunde wird im Poseckschen Haus eingerichtet.

16. Februar: Mit der Galavorstellung des Schauspiels »Iphigenie auf Tauris« von Johann Wolfgang Goethe mit Martha Kaibel-Schiffel in der Titelrolle stellt das Hoftheater seinen Spielbetrieb ein; als Interimsbühne dient bis zum 28. November das Varieté-Theater Tivoli am Brühl.

24. Juni: An der Stelle eines Springbrunnens wird auf dem Karlsplatz das von Adolf Brütt geschaffene Carl-Alexander-Reiterstandbild enthüllt.

1. August: In Oberweimar beginnt die aus Jena hier angesiedelte Firma Carl als Kommanditgesellschaft mit der Herstellung wassergeschützter Beleuchtungskörper.

14. bis 15. Oktober: Im Steinbruch zu Ehringsdorf wird eine menschliche Feuerstelle gefunden und ab April 1908 geborgen.

1908

11. Januar: Das unter Leitung der Architekten Max Littmann und Jakob Heilmann aus München für zwei Millionen errichtete Hoftheater mit 1050 Sitzplätzen sowie einer durch den seit 1902 an der Kunstschule wirkenden Maler Sascha Schneider und den hier seit 1903 tätigen Ludwig von Hofmann künstlerisch ausgestalteten Wandelhalle wird feierlich mit dem Schauspiel »Das Frühlingsmärchenspiel« von Richard Voß in der Vertonung von Felix Weingartner eröffnet; als Gäste sind Kaiser Wilhelm II. und Intendanten sowie Direktoren von etwa 70 Bühnen anwesend.

30. Januar: Karl Schwier gründet den Verlag der Deutschen Photographenzeitung.

1. April: Die Kunstgewerbeschule wird gegründet und macht die Stadt zum Zentrum einer Kunsterneuerungsbewegung.

1909

30. Mai: Das lenkbare Luftschiff »Zeppelin II« überfliegt um 21 Uhr die Stadt.

1. bis 30. Juni: In den Gast- und Logierhäusern übernachten 6687 Personen.

6. bis 24. Juli: Die Nationalfestspiele für die deutsche Jugend werden mit den Schauspielen »Wilhelm Tell« von Friedrich Schiller, »Minna von Barnhelm« von Gotthold Ephraim Lessing, »Prinz von Homburg« von Heinrich von Kleist und »Egmont« von Johann Wolfgang Goethe zum ersten Mal durchgeführt; unter anderen besuchen 600 Schüler aus Antwerpen, Brüssel, Petersburg (Leningrad) und aus Österreich die Vorstellungen.

1910

1. Januar: Auf erneute Forderungen der Gewerkschaften nimmt der städtische Arbeitsnachweis seine Tätigkeit zur Arbeits- und Lehrstellenvermittlung auf; in der Arbeitsnachweiskommission sind Handwerker, Arbeiter, Unternehmer und gewählte

Vertreter vom Kaufmannsgericht und Gemeinderat sowie später Vertreterinnen der Frauenvereine tätig.
1. Oktober: Anläßlich ihres 50jährigen Bestehens wird die Kunstschule zur Hochschule für bildende Kunst erhoben.

1911
28. März: Von 2225 stimmberechtigten Bürgern üben 1915 ihr Wahlrecht aus und wählen mit 998 Stimmen den bisherigen Zweiten Bürgermeister Dr. jur. Martin Donndorf zum Ersten Bürgermeister ; im Juni 1912 wird ihm der Titel »Oberbürgermeister« verliehen.
8. Juni: Der Flugplatz am Webicht wird eröffnet, der 1910 mit drei Flughallen, einem Verwaltungsgebäude sowie einem Flughafenhotel errichtet worden war; bedeutende Piloten und jährlich stattfindende Flugtage ziehen viele Besucher an.
8. September: Der Zeppelin-Luftkreuzer »Schwaben« überfliegt die Stadt.
1. Dezember: Der Berliner Max Vogeler wird Stadtarchitekt; unter seiner Leitung bzw. Mitarbeit entstehen unter anderen der Neubau des Städtischen Krankenhauses, später die Schiller- und die Pestalozzischule, das Arbeitsamt und die Sportanlagen.
4. Dezember: Als »Weimarische Nelkenkulturen« wird eine Gärtnerei eröffnet.

1912
9. Januar: Der Buchhändler Gustav Kiepenheuer, seit 1909 Inhaber der Thelemannschen Buch- und Kunsthandlung in der Schillerstraße, gründet in der Windischengasse 15 einen Verlag, der am 1. Oktober 1918 nach Potsdam verlegt wird.
9. Juli: Aus einem Privatzirkel wird der Weimarer Tennisklub 1912 e.V. gegründet, der 1913 über 200 Mitglieder zählt und internationale Turniere ausrichtet.
10. August: Mit einer Veranstaltung der 1909 gegründeten Schwimmsportabteilung »Neptun« wird als Ersatz für die fast 65 Jahre genutzte und nur dürftig eingerichtete Flußbadeanstalt unterhalb des Kirschberges das unter Leitung von August Lehrmann neu errichtete Ilmbad eingeweiht.

1913
22. Mai: Anläßlich der Gedenktage für Johann Daniel Falk wird das von Gottlieb Elster geschaffene Denkmal an der Sparkasse enthüllt.
September: Das unter Leitung von Reinhold Röhr mit einem Kostenaufwand von 195 000 Mark am Graben errichtete Gebäude der Sparkasse wird seiner Bestimmung übergeben.
31. Dezember: In der Stadt bestehen 117 fabrikmäßig arbeitende Betriebe mit 3200 Beschäftigten gegenüber 25 Betrieben mit 1065 Beschäftigten 1902.

1915
1. April: Der seit 1910 um- bzw. neugebaute Bahnhof wird eröffnet; die neuen Bahnhofsanlagen umfassen etwa vier Kilometer, einen Güterschuppen, Freiladegleise, vier Bahnsteige, das 1912 abgebrochene Empfangsgebäude, einen ringförmigen Lokomotivschuppen für 14 Lokomotiven und anderes.
5. April: Das von dem Bildhauer Professor Richard Engelmann, der vom 1. Oktober 1913 bis 1935 als Leiter der Bildhauerabteilung der Hochschule für bildende Kunst tätig ist, geschaffene erste Wildenbruch-Denkmal in Deutschland, der Marathon-Kämpfer, wird am Poseckschen Garten enthüllt; Engelmann, der bis 1936 hier lebte, modelliert unter anderen »Die Liegende« an der Hochschule für bildende Kunst, »Bärbele« vor der Pestalozzischule und Plastiken im Landgerichtsgebäude.
13. Juli: Das Bioskop-Theater von Theodor Scherff in der Marktstraße wird zum Lichtspielhaus umgestaltet.
13. Juli: Die 90jährige Charlotte Krackow stirbt in ihrem Haus in der Jakobstraße; am 28. August 1917 wird das Kirms-Krackow-Haus als Gedenkstätte der Öffentlichkeit übergeben.

1916
Januar: 2912 Weimarer stehen kriegsbedingt unter Waffen. Der Wochenmarkt wird eingeschränkt, und die Bevölkerung leidet unter Nahrungsmangel.
11. bis 12. Juni: Als 1. Jugendtag der Sozialistischen Arbeiterjugend wird ein Treffen revolutionärer Jugendgruppen Thüringens als Antikriegsdemonstration durchgeführt.

1917
1. Januar: Die am 24. November 1916 gegründete Mitropa nimmt ihren Betrieb auf.
Mai: Die Ofenfabrik J. F. Schmidt beschäftigt 48, die Eisengießerei und Maschinenfabrik Dürrenbacher Hütte 67, die Apparatebauanstalt und Metallwerke AG 109, die Otto Hetzer AG 212 und die Aktiengesellschaft für Eisenbahn- und Militärbedarf 540 Arbeiter.

1918
1. August: Die Sparkasse wird von der Stadt übernommen; die Spareinlagen belaufen sich Ende des Jahres auf 27 185 687 Mark.
8. November: Vor der Hauptwache des Schlosses demonstrieren 1500 Soldaten und streikende Arbeiter gegen die herrschenden politischen, militärischen und wirtschaftlichen Verhältnisse.
9. November: Im Verlauf der revolutionären Ereignisse wird Großherzog Wilhelm Ernst zur Abdankung gezwungen: »Dem mir von der Vertretung der Soldaten und Arbeiter in Weimar aufs ausdrücklichste ausgesprochenen Wunsche, für mich und meine Familie auf den Tron zu verzichten um dem drohenden Bürgerkriege vorzubeugen, leiste ich Folge und erkläre hiermit daß ich für mich und meine Familie für alle Zeit auf den Tron und die Tronfolge im Großherzogtum Sachsen-Weimar-Eisenach verzichte«; er flüchtet nach Heinrichsau und stirbt dort am 24. Juni 1923.
17. November: Das Hoftheater wird in »Landestheater in Weimar« umbenannt.
20. Dezember: Nach dem Vorbild des Arbeiter- und Soldatenrates wird am Theater ein Künstlerrat gewählt.
31. Dezember: Im Ergebnis der Novemberrevolution werden für die arbeitende Bevölkerung Sachsen-Weimars der Achtstundentag eingeführt, ein Mindestlohn von 75 Pfennig pro Stunde festgelegt und die Gesindeordnung von 1899 abgeschafft.

1919
9. Januar: Die Statuten des Arbeiter- und Soldatenrates werden erlassen; dieser setzt sich aus 21 Arbeiter- und 21 Soldatenratsmitgliedern, die je einen Vorstand wählen, zusammen.
19. Januar: Anläßlich der bevorstehenden Tagung der Deutschen Nationalversammlung ruft der Generalintendant Ernst Hardt vor einer Festveranstaltung mit »Wilhelm Tell« von Friedrich Schiller im Namen der Thüringischen Landesregierung das Landestheater als »Das Deutsche Nationaltheater in Weimar« aus.
8. Februar: Die erste zivile Luftverkehrslinie Deutschlands wird zwischen Berlin und Weimar eröffnet.
15. Februar: Durch Verordnung scheidet Weimar als Landeshauptstadt aus dem Verwaltungsbezirk aus, und die Befugnisse des Verwaltungsbezirksdirektors gehen auf den Oberbürgermeister über; ein aus fünf Mitgliedern für zwei Jahre gewählter

Stadtausschuß besteht neben dem Gemeinderat und neben dem aus 40 Mitgliedern bestehenden Stadtrat.
7. März: Die Arbeiter der Waggonfabrik streiken erfolgreich für Lohnerhöhungen, Anerkennung des Betriebsrates und Absetzung des Direktors.
1. April: Der 53jährige Architekt Walter Gropius aus Berlin wird Direktor der Hochschule für bildende Kunst.
12. April: Walter Gropius bewirkt die Vereinigung der Hochschule für bildende Kunst und der Kunstgewerbeschule zum »Staatlichen Bauhaus in Weimar«, mit dem er eine neue Baukunst anstrebt und die Trennung zwischen Kunst und Handwerk beseitigt; als Bauhausmeister wirken unter anderen von 1922 bis 1925 der aus Moskau stammende Wassili Kandinski, von 1919 bis 1925 Lyonel Feininger und Gerhard Marcks und von 1919 bis 1922 Johannes Itten.
11. August: Die Deutsche Nationalversammlung verabschiedet im DNT die Reichsverfassung, die am 14. August in Kraft tritt; der Name der Stadt wird zum Symbol der jungen Republik.
21. August: In der letzten Sitzung der Deutschen Nationalversammlung, die nach Berlin verlegt wird, wird Friedrich Ebert als erster Reichspräsident der Weimarer Republik vereidigt.
12. Oktober: Die Weimarer Freie Volksbühne, die am 10. November an die Öffentlichkeit tritt, wird gegründet; sie zählt im selben Jahr bereits 2200 Mitglieder und wird Vorbild der Volksbühnenbewegung in Thüringen.
Dezember: In der Stadt gibt es 3154 Häuser mit 8687 Wohnungen und in den Vororten 456 Häuser mit 781 Wohnungen; bis 1920 entstehen die Siedlungen Heim- und Landfried mit 290 bzw. 224 Kleinwohnungen, und bis 1932 werden 665 private Wohnungen, 900 Wohnungen durch Baugesellschaften und 808 durch die Stadt errichtet.

1920

29. März: Der am 22. November 1879 in Leipzig geborene Jurist Dr. jur. Walther Felix Mueller wird zum Oberbürgermeister gewählt und übt das Amt nach seiner Wiederwahl am 7. April 1925 bis zum 30. September 1937 aus.
1. Mai: Mit dem Reichsgesetz über die Vereinigung der Thüringer Kleinstaaten zum Freistaat wird Weimar Hauptstadt des neugebildeten Landes Thüringen mit Sitz der Regierung, der der Sozialdemokrat August Frölich vorsteht.
28. Mai: Die Waggonbauer streiken gegen die zunehmende Verschlechterung ihrer Lebenslage; im Juni tritt die gesamte Belegschaft der Firma Bachstein in den Streik, und im Juli streiken erneut die Waggonbauer.

1921

4. April: Konservativ eingestellte Professoren erreichen eine offizielle Neugründung der »Staatlichen Hochschule für bildende Kunst« neben dem Staatlichen Bauhaus.
21. Juni: Der Buchhändler Fritz Fink gründet am Markt 11 einen Verlag, der die »Beiträge zur Geschichte der Stadt Weimar« herausgibt.
9. bis 31. Juli: Die seit 1913 unterbrochenen Festspiele der deutschen Jugend werden mit 4300 Besuchern wieder aufgenommen; ab 1923 finden sie im Rahmen allgemeiner Festspielwochen des DNT jeweils im Juni statt.
19. Juli: Das städtische Museum wird in »Museum für Vorgeschichte« umbenannt und damit ein für die Stadt bedeutendes wissenschaftliches Institut ins Leben gerufen.
August: Infolge einer inflationären Entwicklung ist ein Drittel der Arbeiter ohne Arbeit und Einkommen.
24. bis 26. September: Die hier tagende Hauptversammlung der 1865 in Dresden gegründeten und jetzt 300 Mitglieder zählenden Deutschen Dante-Gesellschaft, seit Mai 1915 Neue Deutsche Dante-Gesellschaft, beschließt, ihren Sitz nach Weimar zu verlegen.
31. Dezember: In der Stadt produzieren 279 Betriebe, in denen 3462 Arbeiter und Angestellte tätig sind.
31. Dezember: In den Gast- und Logierhäusern übernachten nur 4601 gegenüber 5076 Personen im Vergleichsmonat des Vorjahres.

1922

1. Mai: Auf dem Friedhof wird das von Gropius geschaffene Denkmal, der sogenannte Blitz, für die Opfer des Kapp-Putsches unter großer Anteilnahme der Arbeiter eingeweiht; das Monument wird 1935 von den Nationalsozialisten beseitigt.
20. Juni: Mit der Einführung der Gemeinde- und Kreisordnung für Thüringen bildet Weimar als Landeshauptstadt einen eigenen Stadtkreis, und der Oberbürgermeister führt bis 1926 die Bezeichnung »Stadtdirektor«; besondere Bürgerrechte werden aufgehoben.
30. Juli: Der vom 1903 gegründeten Ballspiel-Club Vimaria 03 errichtete Fußballplatz an der Falkenburg wird eingeweiht.
11. August: Am DNT wird eine Gedenktafel enthüllt mit der Inschrift: »In diesem Haus gab sich das deutsche Volk durch seine Nationalversammlung die Weimarer Verfassung vom 11. August 1919.«
1. Oktober: Mit Befürwortung durch die Vertreter der SPD-Abgeordneten im Gemeinderat werden die landwirtschaftlich geprägten Vororte Oberweimar, Ehringsdorf und Tiefurt einschließlich des Forstortes Webicht mit etwa 4500 Einwohnern eingemeindet; die Gesamtfläche der Stadt beträgt jetzt 5042 Hektar.

1923

10. April: Die aus den Landes-Kredit- und Sparkassen hervorgegangene Thüringer Staatsbank eröffnet ihren Betrieb in der heutigen Steubenstraße 15; damit erhält die Stadt ein bedeutendes zentrales Geld- und Kreditinstitut.
15. August bis 30. September: In einer Ausstellung legt das Staatliche Bauhaus über seine Tätigkeit Rechenschaft ab; Am Horn 61 wird nach dem Entwurf des Architekten Georg Muche und in der technischen Ausführung von Adolf Meyer ein Musterhaus eröffnet, zu dem im April der Grundstein gelegt worden war.
4. September: Bedingt durch die sich auf ihrem Höhepunkt befindende weltweite Geldentwertung steigen täglich die Preise auch für Lebensmittel an: Ein Pfund Butter kostet vier bis fünf Millionen Mark, ein Pfund Fleisch zwei bis drei Millionen und ein Ei 350 000 Mark; am 19. September kostet ein Pfund Rindfleisch bereits 40 bis 44 Millionen Mark, während Butter, Quark und Geflügel nicht mehr zu haben sind.
8. November: Die am 2. November in Thüringen einmarschierte Reichswehr besetzt die Stadt; KPD und proletarische Hundertschaften werden verboten, 40 Arbeiter verhaftet und der Ausnahmezustand verhängt.

1924

25. Januar: Durch Stadtratsbeschluß wird die Sparkasse in »Städtische Sparbank Weimar, Stiftungssparkasse« umgewandelt.
2. Mai: Die Kulturschaffenden Werner Deetjen, Richard Engelmann, Lyonel Feininger, Walter Gropius, Franz Kaibel, Bruno Hinze-Reinhold, Walter Klemm,

Friedrich Lienhard, Heinrich Lilienfein, Johannes Schlaf, Eduard Scheidemantel, Franz Ulbrich, Hans Wahl und andere protestieren gegen den Beschluß der Thüringer Landesregierung vom 2. November 1923, die Kavalierhäuser in Belvedere als Kasernen zur Unterbringung der Landespolizei zu nutzen.
26. Dezember: Der Meisterrat erklärt das Staatliche Bauhaus mit Wirkung vom 1. April 1925 für aufgelöst; es verlegt seinen Sitz nach Dessau.

1925

11. bis 15. April: Unter dem Namen »Weimarer Osterwoche« finden zum ersten Mal Festspiele mit der Aufführung des »Faust« von Johann Wolfgang Goethe und des »Rosenkavalier« unter dem Dirigat des Komponisten Richard Strauss sowie mit einem Festkonzert statt; sie sollen alljährlich Werke Weimarer Künstler vorstellen.
14. April: In Anerkennung seiner Verdienste um das Musikleben in Weimar während der Jahre 1889 bis 1894 erhält Richard Strauss das Ehrenbürgerrecht der Stadt.
1. September: Der Dichter Friedrich Lienhard erhält auf Beschluß des Stadtrates anläßlich seines 60. Geburtstages in Anerkennung seiner Verdienste um die Förderung der geistigen Interessen der Stadt das Ehrenbürgerrecht; er lebt vom 15. August 1916 bis zum 22. Juni 1922 in der Carl-Alexander-Allee 4 (heute Freiherr-vom-Stein-Allee).
23. September: Weit über Thüringens Grenzen hinaus erregt der Fund des Schädels eines Neandertalers im Steinbruch zu Ehringsdorf einen Tag vor dem hier stattfindenden Paläontologenkongreß Aufsehen.
November: Mit einem Kapital von 12 000 Mark tritt die Stadt der Thüringischen Luftverkehrs AG zur Förderung des Anschlusses Weimars an das Luftverkehrsnetz bei; der Flugplatz am Webicht ist nur vorläufig für den Zubringerverkehr zugelassen.

1926

10. Mai: Reichspräsident Paul von Hindenburg wird im Rathaus begrüßt.
1. Juli: Je ein Wohnhaus für 24, für sieben, für sechs und zwei Wohnhäuser für 14 Familien werden fertiggestellt, trotzdem beträgt die Zahl der Wohnungssuchenden Ende des Jahres 2315 bei 11 119 vorhandenen Wohnungen in der Stadt und 952 in 540 Häusern der Vororte.
3. Oktober: In der Erfurter Straße wird ein neues Feuerwehrdepot mit einer modernen öffentlichen Feuermelde- und Alarmanlage in Betrieb genommen und das alte in der Gerbergasse aufgegeben; die Freiwillige Feuerwehr besteht aus einem Branddirektor, zwei Brandmeistern, einem Zeugmeister, elf Oberfeuerwehrmännern und 75 Mann. Im Stadtgebiet sind 420 Ober- und Unterflurhydranten vorhanden.

1927

4. Januar: Anläßlich seiner 25jährigen Zugehörigkeit zum Gemeinde- bzw. Stadtrat erhält der Mitbegründer und langjährige Leiter des Deutschen Schillerbundes und seit 1912 der Deutschen Schillerbund-Festspiele, auch Kurator des Schiller- und des Kirms-Krackow-Hauses, Professor Dr. phil. Eduard Scheidemantel, das Ehrenbürgerrecht.
17. April: Der 1851 in Berlin geborene Louis Held stirbt hier.
Sommer: Der Flugplatz am Webicht wird von der Linie B (Fürth, Nürnberg, Bamberg, Coburg, Plauen, Saale-Schwarzatal, Weimar, Leipzig und zurück) und der Linie D (Saale-Schwarzatal, Weimar, Erfurt, Meiningen, Bad Kissingen, Schweinfurt, Fürth, Nürnberg und zurück) der Nordbayrischen Verkehrsflug GmbH mit 249 ankommenden und 205 abfliegenden Passagieren angeflogen.

1928

10. März: Als Frauenschule mit praktischem und theoretischem Unterricht wird die Mathilde-Zimmer-Stiftung gegründet.
20. Mai: Das Schwanseebad mit einem 150 Meter langen und 54 Meter breiten Wasserbecken wird eingeweiht; der erste große Schwimmwettkampf findet am 26. August statt.
12. August: Die Tennisanlage mit zwölf Plätzen, die auf Initiative des Tennisklubs 1912 und des Sport-Clubs Weimar geschaffen worden war, wird offiziell eingeweiht; 1931 wird der Tennisklub Grün-Weiß gegründet.

1929

15. Mai: Die Omnibusverkehrsgesellschaft Weimar, deren Abfahrtsstelle sich in der Schwanseestraße befindet, nimmt ihren Fahrbetrieb mit drei Überlandlinien auf.
12. September: Das Luftschiff »Graf Zeppelin« D-LZ 127 überfliegt die Stadt.

1930

1. Januar: 1773 Einwohner sind arbeitslos; am 1. Juli beträgt die Zahl 1946, am 1. Dezember 2154, am 1. Januar 1931 insgesamt 3240 und steigt bis zum 1. Januar 1932 auf 3390 an.
23. Februar: 2500 Einwohner führen einen Hungermarsch durch.
28. Februar: Nach einjähriger Bauzeit wird der unter Leitung von Ernst Flemming errichtete Erweiterungsbau des Kaufhauses Hermann Tietz am Markt, an dessen Errichtung zeitweise 200 Arbeiter beschäftigt waren und dem mehrere kleine Gebäude weichen mußten, eröffnet.
24. Juni: Der seit Mai 1920 so benannten Staatlichen Musikschule wird die Bezeichnung »Staatliche Hochschule für Musik« verliehen, die unter Leitung von Bruno Hinze-Reinhold bis zum 1. Juli 1933 ein hohes künstlerisches Niveau anstrebt.
18. Juli: Anläßlich seines 65. Geburtstages wird in Würdigung seiner verdienstvollen Tätigkeit als Bürgermeister von 1898 bis 1910 und als Oberbürgermeister von 1910 bis zum 13. Mai 1920 Dr. jur. Martin Donndorf zum Ehrenbürger ernannt.
6. Oktober: Aus kommunistischen, sozialdemokratischen und parteilosen Arbeitern wird eine Ortsgruppe des Kampfbundes gegen den Faschismus, die erste ihrer Art in Thüringen, gebildet.

1931

20. März: Eine Demonstration gegen die Nationalsozialisten und ihre Politik mit anschließender Kundgebung auf dem Rollplatz vereint mehr als 1000 Teilnehmer.
1. April: Die 1895 in Altenburg gegründete Ingenieurschule, eine der ältesten privaten höheren technischen Lehranstalten Deutschlands, wird mit 457 Studenten in die stillgelegte Römhildtsche Pianofortefabrik nach Weimar Hinter dem Bahnhof verlegt; im Flugwesen bildet der Kunstfliegermeister Gerd Achgelis die Studenten aus.

1932

5. März: Der Stadtrat beschließt den 15-Pfennig-Tarif der Straßenbahn für die Teilstrecken Bahnhof – Post und Wielandplatz – Falkenburg; Kinder zahlen auf allen Strecken zehn Pfennig.
12. März: Die nach einem Entwurf von Max Vogeler für 1,1 Millionen Mark erbaute Weimarhalle wird feierlich eingeweiht.

20. bis 28. März: Anläßlich des 100. Todestages des Dichters findet eine Goethe-Gedenkwoche statt, an der über 70 Botschafter und Gesandte fremder Länder, Politiker und Literaten teilnehmen; es finden unter anderen Vorträge von Thomas Mann, der am 21. März vor der faschistischen Gefahr warnt, und des spanischen Schriftstellers Josef Ortega y Gasset am 24. März statt wie auch Theateraufführungen mit dem »Urgötz« unter der Regie von Ernst Legal mit Heinrich George vom Staatlichen Schauspielhaus Berlin am 20. März.
26. November: Etwa 100 Werke hiesiger Maler werden in dem 1896 auf dem Grundstück des Wieland-Gartens erbauten Einrichtungshaus von Hugo Bosse am Theaterplatz in der Ausstellung »Das Bild im Raum« bei freiem Eintritt gezeigt.
31. Dezember: Die Stadt ist mit 9,25 Millionen Mark, das sind 185 Mark pro Kopf der Bevölkerung, verschuldet.

1933
15. März: Die Gebrüder Gerhard und Wolfgang Knabe begründen eine Druck- und Verlagsanstalt, die sich zum Jugendbuchverlag entwickelt.
21. Juni: Zur sogenannten Sonnenwendfeier werden bei Niedergrunstedt durch den Deutschen Handlungsgehilfen-Verband Bücher von Vicky Baum, Lion Feuchtwanger, Emil Ludwig, Erich Maria Remarque, Alexander Roda-Roda, Artur Schnitzler, Kurt Tucholsky, Jakob Wassermann, Franz Werfel und Stefan Zweig als »Schundliteratur« verbrannt.
31. August: Die Gesamtzahl der unbeschäftigten arbeitsfähigen Einwohner hat sich auf 6803 erhöht und steigt bis zum 1. Januar 1935 auf 7177 an.

1934
21. März: Für die ersten sechs Häuser der künftigen Siedlung Siedlersfreud in Oberweimar wird der Grundstein gelegt; im Juli werden die ersten Gebäude bezogen.
12. April: Dr. Wilhelm Furtwängler dirigiert mit triumphalem Erfolg in der Weimarhalle ein Sinfoniekonzert des Philharmonischen Orchesters Berlin.

1935
März: Die Jugendherberge Zum Wilden Graben wird eröffnet.

1937
8. März: Der Musikclown Grock zeigt vor 3000 Zuschauern in der überfüllten Weimarhalle seine Kunst.
1. Mai: Vor dem Landesmuseum wird in Anwesenheit von 40 000 Menschen der Grundstein für nach dem Entwurf des Architekten Hermann Giesler zu errichtende Bauten mit Festhalle für die NSDAP gelegt; die Abbrucharbeiten am Viadukt beginnen am 1. Oktober.
30. Juni: Der Straßenbahnbetrieb wird eingestellt und die letzte Fahrt um 23.40 Uhr mit einem Ehrengeleit durch Studenten der Ingenieurschule von der Falkenburg vollzogen.
16. Juli: Die ersten 149 Häftlinge, darunter 52 politische Gefangene, treffen in dem neuerrichteten K. L. Ettersberg ein; der erste Appell findet am 19. Juli statt.
28. Juli: Auf Befehl des Reichsführers SS Heinrich Himmler wird das K. L. Ettersberg in »Konzentrationslager Buchenwald/Post Weimar« umbenannt.
24. August: Das 1929 begonnene und mit einem Kostenaufwand von 775 000 Mark durch August Lehrmann und Max Vogeler errichtete Gebäude der Schillerschule wird eingeweiht; es enthält 33 Klassen- und 22 Nebenräume sowie eine Hausmeisterwohnung.
10. Oktober: Dr. jur. Walther Felix Mueller erhält für seine langjährige Tätigkeit als Oberbürgermeister das Ehrenbürgerrecht.
27. November: Der Pfarrer der bekennenden Kirche Paul Schneider wird in das KZ Buchenwald eingeliefert und hier am 18. Juli 1939 im Häftlingskrankenrevier wegen Verweigerung des Hitlergrußes von der SS ermordet.

1938
23. August: Die über 100 Zentner schwere Bronzestatue Carl Alexanders wird zur Lösung verkehrstechnischer Probleme vom Karlsplatz entfernt; sie soll auf dem Watzdorfplatz wieder aufgestellt werden.
5. November: Nach zwölfmonatiger Bauzeit wird das Hotel Elephant als eines der modernsten in Europa eröffnet; eine Tiefgarage für 40 Autos, Tankstelle, Waschanlage und Reparaturwerkstatt sowie eine Kegelbahn ergänzen den Hotelbetrieb.
9. November: In der Nacht findet ein faschistisches Pogrom gegen Juden statt, in dessen Verlauf 12 Festnahmen erfolgen; 1939 leben 24 jüdische Familien hier.

1939
23. März bis 24. April: Die Reichspropagandaleitung der NSDAP zeigt im Landesmuseum eine Ausstellung »Entartete Kunst« mit Werken bedeutender Maler wie Fritz Maskos, Oskar Schlemmer, Max Ernst, Marc Chagall, Karl Schmidt-Rottluf, Eugen Hoffmann und Otto Dix als Beispiele eines sogenannten Kulturbolschewismus; die angegliederte Sonderausstellung »Entartete Musik« diskriminiert Kurt Weill, Viktor Klemperer, Alban Berg, Igor Strawinsky und das kompositorische Schaffen weiterer Musiker vor 50 000 Besuchern.
1. April: Für den SS-Standort Buchenwald wird unter der Bezeichnung »Standesamt Weimar II« ein eigenes Standesamt eingerichtet.
1. Mai: Das Betriebsvermögen der Berlin-Suhler-Waffen- und Fahrzeugwerke GmbH wird in die »Nationalsozialistische Industriestiftung Gustloff-Werke« umgewandelt; das Weimarer Hauptwerk erhält als sogenannter NS-Musterbetrieb den Namen »Fritz-Sauckel-Werk«, das nunmehr an Stelle von Waggons Waffen herstellt.
18. August: Die Autobahnstrecke Weimar–Jena wird für den Verkehr freigegeben.
1. Oktober: Mit der Überreichung einer Urkunde im Gasthaus zu Schöndorf wird dieser Vorort mit 181 Hektar Land und 563 Einwohnern eingemeindet.

1940
Frühjahr: Im KZ Buchenwald wird der erste Ofen des Krematoriums gebaut und in Betrieb genommen.
16. August: In der Nacht zum 17. August greifen englische Flieger die Stadt mit Spreng- und Brandbomben an, ohne größeren Sachschaden zu verursachen.
31. Dezember: 6 681 200 Mark, das sind 47 Prozent des Gesamthaushaltes, muß die Stadt für Kriegskosten aufbringen; im darauffolgenden Jahr betragen die Kriegskosten 6 519 700 Mark.

1942
1. Mai: Die Glocken werden aus dem Rathausturm entfernt und für Kriegszwecke eingeschmolzen; im selben Jahr werden auch die Schloßturm-Glocken abgenommen.
13. Juli: Ein Zweigbetrieb wird als »Gustloff-Werk II Buchenwald« auf dem Ettersberg errichtet; es nimmt am 12. März 1943 die von KZ-Häftlingen ausgeführte Produktion von automatischen Karabinern G 3 und Flaklafetten auf.

1943
27. Mai: Ein anglo-amerikanischer Luftangriff richtet in der Stadt vorerst geringen Schaden an.

31. Dezember: Neben 69 553 Deutschen leben 4563 Ausländer in der Stadt.

1944

22. Mai: Der Leiter des Insel-Verlages und Präsident der Goethe-Gesellschaft, Professor Dr. phil. Anton Kippenberg, erhält aus Anlaß seines 70. Geburtstages das Ehrenbürgerrecht.
1. August: Auf Grund der angeordneten Sippenhaftung wird das Sonderlager Fichtenhain im KZ Buchenwald eingerichtet.
18. August: Der Vorsitzende der KPD, Ernst Thälmann, wird aus dem Zuchthaus Bautzen in das KZ Buchenwald überführt und hier von der SS im Hof des Krematoriums erschossen.
24. August: Bei einem Bombenangriff durch die englische Luftwaffe auf die SS-Kasernen und das Gustloff-Werk II Buchenwald werden 364 Häftlinge getötet; der Reichstagsabgeordnete der SPD, Dr. phil. Rudolf Breitscheid, wird im Sonderlager Fichtenhain verschüttet und stirbt.
12. Oktober: Im Zuge des totalen Krieges eröffnet der Konzern Siemens & Halske im Gebäude des DNT eine Rüstungsfabrik.

1945

9. Februar: Bei einem Luftangriff von 12.24 bis 12.37 Uhr werden durch 481,25 Tonnen Sprengbomben 462 Einwohner und ausländische Zwangsarbeiter getötet sowie das Goethe-, das Schiller- und das Bachhaus, die Stadtkirche, das DNT, die Nordseite des Marktplatzes und andere Gebäude zerstört.
23. Februar: Bei einem Luftangriff werden Am Horn 32 Einwohner getötet; neun Menschen gehen am 10. März und zwölf am 17. März auf dem Lindenberg zugrunde.
27. Februar: Beim Luftangriff werden 118 kriegsgefangene Engländer, Amerikaner und Franzosen auf der Straße getötet und 175 zum Teil schwer verletzt.
31. März: Bei einem Luftangriff werden im Norden der Stadt 77 Menschen getötet.
1. April: Einheiten der III. US-Armee unter General Georges S. Patton beginnen mit der Besetzung West-Thüringens.
8. April: Im KZ Buchenwald nehmen ein polnischer und ein sowjetischer Häftling einen illegalen Morsesender in Betrieb und senden um 11.15 Uhr folgenden Funkspruch: »An die Alliierten! An die Armee des General Patton! Hier Konzentrationslager Buchenwald! SOS! Wir bitten um Hilfe! Man will uns evakuieren! Die SS will uns vernichten.«
10. April: Bei letzten Tiefangriffen auf die Stadt werden fünf Einwohner getötet; insgesamt werden im Zweiten Weltkrieg 1254 Bürger, darunter 102 Kinder und 600 im Stadtgebiet arbeitende KZ-Häftlinge getötet und 1300 Wohnungen vernichtet; der materielle Bombenschaden beläuft sich auf 17,5 Millionen Mark.

Literaturverzeichnis

Baudert, August, Sachsen-Weimars Ende. Historische Tatsachen aus sturmbewegter Zeit, Weimar 1923, 92 Seiten

Bock, Wilhelm, Die Stadt Weimar, ihre Verwaltung und ihre Anstalten in den Jahren 1861 und 1862, Weimar 1862, XVI, 78 Seiten

Buchenwald. Mahnung und Verpflichtung. Dokumente und Berichte, Hrsg. Nationale Mahn- und Gedenkstätte Buchenwald u. a., Berlin 1984^4, 776 Seiten, Abbildungen

Deutschlands Städtebau. Weimar. Hrsg. Stadtbauamt Weimar, Berlin 1920, 38 Seiten, Abbildungen

Günther, Gitta, Buchenwald. Weimar 1988^3, 96 Seiten, Abbildungen = Tradition und Gegenwart/Weimarer Schriften 9

Heß, Ulrich, Vom Beginn kapitalistischer Produktionsverhältnisse bis zum Jahre 1917. 1830 bis 1917. In: Geschichte der Stadt Weimar. Hrsg. Gitta Günther, Lothar Wallraf, Weimar 1976^2, Seiten 338–512, Abbildungen

Hochschule für Musik »Franz Liszt« Weimar. Historischer Abriß. Aus Anlaß des 100. Jahrestages ihrer Gründung als Orchesterschule verfaßt von einem Autorenkollektiv unter Leitung von Edgar Hartwig. (Weimar) 1972, 80 Seiten, Abbildungen = Weimar. Tradition und Gegenwart 22

Hüter, Karl-Heinz, Das Bauhaus in Weimar. Studie zur gesellschaftspolitischen Geschichte einer deutschen Kunstschule. Berlin 1976, 286 Seiten, Abbildungen, Dokumente

Illustrierter Führer durch Weimar und Umgebung. Leipzig o. J.^{17}, 77 Seiten, Stadtplan, Karte, Abbildungen = Woerl's Reisehandbücher

Lehrmann, August, Weimar. Neue Stadtbaukunst. Berlin, Leipzig, Weimar 1928, XXII, 48, 35 Seiten, Abbildungen

Louis Held, Hofphotograph in Weimar – Reporter der Jahrhundertwende. Hrsg. Renate und Eberhard Renno. Mit einer Einführung und Kommentaren zum Bildteil von Dr. Renate Müller-Krumbach und einer Annotation von Wolfgang G. Schröter, Leipzig 1985, 212 Seiten, 266 Abbildungen

Meßner, Paul, Bauten und Denkmale in Weimar. Ihre Geschichte und Bedeutung. (Weimar) 1984, 112 Seiten, Abbildungen = Tradition und Gegenwart. Weimarer Schriften 5

Schädlich Christian, Die Hochschule für Architektur und Bauwesen Weimar. Ein geschichtlicher Abriß. (Weimar) 1985, 96 Seiten = Tradition und Gegenwart. Weimarer Schriften 15

Schorn, Adelheid von, Das nachklassische Weimar unter der Regierungszeit Karl Friedrichs und Maria Pawlownas. Weimar, 1991 VII, 390 Seiten, Abbildungen

Schorn, Adelheid von, Das nachklassische Weimar unter der Regierungszeit von Karl Alexander und Sophie. Weimar 1912, VI, 352 Seiten, Abbildungen

Wallraf, Lothar, Vom Ausgang des ersten Weltkrieges bis zur Befreiung vom Faschismus. 1917 bis 1945. In: Geschichte der Stadt Weimar. Hrsg. Gitta Günther, Lothar Wallraf, Weimar 1976^2, Seiten 513–633, Abbildungen

Bildnachweis

Beyer, Günther 86, 87, 93

Held, Louis 25, 41, 43, 44, 47–49, 51, 54, 56, 57, 60–63, 68–71, 73, 80, 82, 85, 87, 93

Kunstsammlungen zu Weimar 91

Nationale Forschungs- und Gedenkstätten der klassischen deutschen Literatur 21

privat 40, 43

Sammlung Kurt Schindler 30, 59, 74, 92

Schwier, Karl 8–11, 13, 14, 18, 27, 38, 51, 64–66, 71

Stadtarchiv Weimar (historische Fotos, Postkarten) 5–9, 12–22, 24, 25, 28–32, 34, 36–40, 42, 43, 45, 46, 48, 50, 52–56, 58–61, 65–68, 70–78, 82–85, 88–92, Stadtwappen, Umschlag

Stadtmuseum Weimar 23, 41, 47, 69, 75, 81, 84, 90

Hans-Werner Klünner
Potsdam – so wie es war
104 Seiten mit 165 Abb., celloph. Einband, ISBN 3-7700-0415-9